REFUGIEN IM OSTEN

Idee, Satz, Fotos, Texte: Elke Börner
Lektorat: Winnie Seifert, Chemnitz
Druck: Tschechien
www.landleben-creativ.de
ISBN: 978-3-00-032493-2

VLC

Schlösser
Stadthäuser und Villen
Künstlerhöfe & Künstlerhäuser
Bauernhöfe, Gasthäuser und Pensionen
Wohnideen, Kunsthandwerk und Interieur

HIC HABITAT FELICITAS

Inhaltsverzeichnis

Kunsthöfe und Künstlerhäuser

Bauernhöfe, Gasthäuser und Pensionen

Stadthäuser und Villen

Wohnideen, Kunsthandwerk und Interieur

Schlösser

Bezugsquellen und Bildnachweis

Einführung

„Refugien im Osten" ist der dritte Band aus einer Serie von Büchern zum Thema Wohnen und Lebensart. Wir haben dafür wiederum Menschen in Künstlerhöfen, Ateliers, Schlössern, Gütern und Architektenhäusern besucht und fotografiert und interessante Gespräche mit ihnen geführt. Lebensgeschichten sind aufgeschrieben und bebildert worden. Rustikales hat dabei genauso seinen Platz im Buch gefunden wie elegantes oder nostalgisches Interieur. Kleine charmante Häuser sind vertreten, aber auch imposante Güter oder Schlösser. Nicht minder interessant dabei dürfte auch das passende Beiwerk sein, mit den entsprechenden Anbietern von Kunst und Kunsthandwerk. Zum ersten Mal ist bei der Arbeit auch ein landesübergreifendes Netzwerk entstanden, das Lebensideen aus Sachsen, Thüringen, Berlin und Brandenburg vereint.

Sehr oft stehen die porträtierten Hauseigentümer in der Mitte des Lebens und sagen sich: „Jetzt oder nie." Ihr Dasein hat viel mit jahrelanger Sinnsuche und dem Ankommen im Hier und Jetzt zu tun. Wer angenehm lebt und sich im Alltag verwirklicht, setzt nicht nur für sich selbst, sondern auch für andere ein Zeichen. „Das bin ich, so will ich wahrgenommen werden." Entsprechend sorgfältig wird ausgewählt, zusammengestellt, sondiert, was wichtig und unwichtig ist. Das kann im Einzelfall recht unterschiedlich sein. Ganz bewusst haben wir uns darum bemüht, verschiedene Porträts von Menschen vorzustellen.

Neben Kunstsinn und ästhetischer Vorbildung ist natürlich immer auch die Persönlichkeit entscheidend. Mitunter spielt dabei gar nicht so sehr die wirtschaftliche Komponente eine Rolle, sondern das „Gewusst wie". Oft geht es darum, Häuser, Ateliers und Gärten so zu belassen wie sie sind, ressourcenorientiert zu denken, nicht gleich alles perfekt installieren zu müssen. Derart clevere und natürliche Lebenskonzepte möchten wir gern vorstellen, zur Inspiration natürlich, aber im Einzelfall auch zum Anschauen vor Ort. Denn neben den Bildern im Buch gibt es sie natürlich auch, die originalen Orte, die wir für Sie möglichst authentisch fotografiert und abgebildet haben. Sie sind mit Namen und Anschrift unter den „Bezugsquellen" zu finden. Es sind Häuser, die greifbar und erreichbar sind und in jedem Fall eine Reise lohnen. Egal, ob es das Malen auf einem Kunsthof ist, das Flanieren in einem Schlosspark, das Stöbern in Antiquitäten oder einfach nur die Lust darauf, in landschaftlich reizvoller Umgebung die Seele baumeln zu lassen. Nicht zuletzt sind die Eigentümer schöner und interessanter Häuser auch für einen Erfahrungsaustausch geeignet, wenn es ums Thema Bauen, Einrichten, Gestalten, Wohnen und Lebensart geht.

Unser besonderer Dank und unsere Hochachtung vor ihrer Lebensleistung geht an jene, die in diesem Band mitgewirkt haben. Sie tragen mit ihren charmanten Porträts dazu bei, das Bild des Ostens nach draußen zu tragen. Ein interessantes und liebenswertes Bild, dessen Faccetten ich Ihnen mit diesem Band gern ans Herz legen möchte.

Elke Börner
Verlag Landleben Creativ

Linke Seite: Mühle der Familie Doege in Langenchursdorf

Verborgene Schätze

Anliegen der „Hausbücher" des VLC ist es, insbesondere auf bestehende ältere Bausubstanz aufmerksam zu machen. Alte Häuser sind unser Kulturgut, erzählen von Traditionen und Lebensart der Altvorderen. Mit jedem Haus, das unter die Abrissbirne kommt, verschwindet unwiederbringlich ein liebenswertes Stück Heimatgeschichte. Immer noch gibt es sie, die verborgenen Schätzchen, die auf dem flachen Land oder in den Bergen auf neue Eigentümer warten, die sich der Immobilie annehmen, sie achtsam sanieren und nach ihren Vorstellungen umgestalten. Oftmals muss gar nicht so viel verändert werden, denn fast jedes alte Haus hat sie zu bieten, die Winkel und Ecken, die besonders und charmant sind, viel von gelebtem Leben erzählen und mit ihren Gebrauchsspuren unverwechselbar werden. Natürlich kann bei weitem nicht jedes Haus „gerettet" werden, denn der Leerstand im Osten ist so hoch wie nie zuvor. Aber gerade deshalb ist das Potenzial für preiswertes und äußerst individuelles Wohnen unvorstellbar groß.

Oben: Jede einzelne Farbschicht der alten Wände erzählt auf ihre ganz besondere Art von den Lebensgewohnheiten der Vorbesitzer. Mit ländlicher Keramik vor dem farbigen Zeitfenster entsteht ein wundervoll harmonisches Ensemble auf einem Wandbord.

Unten: Fast immer haben Scheune und Seitengebäude alter Bauernhäuser unvermutete Schätze zu bieten wie alte Keramiken oder Möbel, die oftmals nur behutsam saniert werden müssen, um wieder in ihrer alten Pracht zu erstrahlen.

Am Beispiel von Gerti Dürschke und Olaf Naumann möchten wir zeigen, welche Kleinode ein auf den ersten Blick recht unspektakuläres bäuerliches Anwesen zu bieten hat. Das Paar, welches in Sermuth schon ein geräumiges Haus bewohnt, verliebte sich in ein weiteres leerstehendes Haus im Dorf, erwarb es und rettete es somit vorm endgültigen Verfall. Die Ideen für die Nutzung sind vielfältig. Eventuell wird der leidenschaftliche Sammler hier eigene antike Stücke ausstellen und damit ein weiteres Stück Geschichte bewahren. Beim Gang durch Wohnhaus und Scheune war schnell klar, dass hier weitere Dinge schlummern, die nur abgestaubt oder freigelegt werden müssen, um ihre alte Schönheit zu entfalten. Walzenmalerei an den Wänden, alte Türblätter mit originalen Beschlägen, antike Kacheln im Hausflur, Möbel und Gerätschaften waren nur einige der „Bonbons", welche die Eigentümer zusammen mit der Immobilie erwerben konnten. Ein alter Rebstock, dessen Blätter sich im Spätsommer leuchtend bunt färben, verwöhnt die Hausbesitzer zudem mit süßen Trauben.

Oben: Alte Hüte und Werkzeug an einer groben Wand in der früheren Schlafkammer erzählen vom bewegten und oft arbeitsreichen Landleben vergangener Generationen.

Unten: Wer Glück hat, findet in Keller und Scheune noch alte Utensilien wie diese kleinen Blumentöpfe, die sich wie andere ländliche Keramiken perfekt zur Gestaltung von Haus und Hof eignen.

Gegenüberliegende Seite: Ein Glücksumstand ist es, wenn die alten Räume noch solche Schätze bergen, wie dieses alte romantische Bild mit Windmühle und Segelbooten.

Folgende Seiten: Wandfarben und gemusterte Kacheln tragen bezaubernde Gebrauchsspuren und dürfen deshalb ruhig so belassen werden, wie sie sind. Eventuell werden schadhafte Stellen ein wenig ausgebessert. Der Rest ist an sich schon so perfekt, dass jede größere Veränderung eine Sünde wäre.

Ein Rundbogenfenster mit altem Weinstock und Lattenzaun im Garten lässt eine unverwechselbare ländliche Romantik und Sehnsüchte nach längst vergangenen Tagen aufkommen.

Kunsthöfe & Künstlerhäuser

Künstler-Paar mit Haus und Loft

Oben: Blick in das geräumige Loft, das von den Künstlern Karla Schoppe (gegenüberliegende Seite) und Ralf Busz (rechts unten) im sächsischen Lichtenstein zum Leben, Wohnen und Arbeiten genutzt wird. Das mehrere hundert Meter große und individuell eingerichtete Refugium liegt in der ersten Etage einer ehemaligen Textilweberei. Der Ex-Kunstprofessor Ralf Busz erforscht hier die Herkunft, Beschaffenheit und Herstellung traditioneller Glasuren. Neben einer ansehnlichen Bibliothek in den Nebenräumen gibt es Brennöfen, diverse Farben und Werkstoffe sowie unzählige Keramiken.

Rechte Seite oben: Die Künstlerin und Malerin Karla Schoppe mit ihren Bildern, die sie im Loft ihres Partners ausstellt. Die Malerin lässt sich von mediterranen Orten inspirieren, die sie bei ihren Reisen ins Ausland besucht hat.

Refugien von Karla Schoppe und Ralf Busz in Lichtenstein

Karla Schoppe und Lebensgefährte Ralf Busz haben ihre Refugien in Lichtenstein bei Zwickau. Gemeinsam wohnen, leben und arbeiten sie sowohl im geräumigen Loft in einer ehemaligen Weberei als auch im Haus der Künstlerin direkt gegenüber in der Bachgasse.

Vor einigen Jahren haben sich Karla Schoppe und Ralf Busz gefunden. Eine späte Verbindung zweier Menschen ist entstanden, die in reifen Lebensjahren neugierig und wach sind. Ihr Dasein wird durch das kreative Tun bestimmt. Die Lichtensteiner lieben das Reisen. Karla Schoppe bringt ihre Impressionen im Kopf mit nach Hause. Licht und Schatten, Farben und Düfte mediterraner Orte spiegeln sich in ihren farbenfrohen Bildern. Begonnen hat die Künstlerin mit Radierungen und Grafiken. Später tendierte sie zur Malerei. Ihr Haus in der Bachgasse wirkt einladend und behaglich und zeugt in jedem Winkel von einem erfüllten Künstlerleben. Weinlaub an den Fenstern taucht die Räume in grünes Licht. Bilder bringen die Wände zum Leuchten. Sie sind auch eine Hommage an den verstorbenen Ehemann und Künstler Martin Schoppe. Ein Flügel wird gleichsam zum Zentrum der Stube. Auf einem Podest hat die Eigentümerin eine gemütliche Sitzecke. Von der kleinen Küche nebenan gelangt man direkt in den Garten, wo Karla Schoppe sich ihr Atelier in einem ausgedienten Gewächshaus eingerichtet hat. Frauenköpfe mit leuchtenden Glasuren schauen aus den Regalböden. Das Leben mit dem Keramiker Ralf Busz hat sie inspiriert, auch figürlich zu arbeiten. Wer dessen Reich besucht, parkt im Hof der früheren Weberei auf der anderen Straßenseite. Hier hat er sein Refugium, in dem er ungestört arbeiten kann, welches das Paar aber auch zusammen nutzt. Ein breiter Flur öffnet sich in einen großen hellen Raum, in dem früher einmal die Maschinen einer großen Textilweberei standen. Eine ausgefallene Deckenkonstruktion mit Säule erinnert an die ehemals zweckgebundene Funktion der Räume. Mit farbigen Teppichen, Sammlerstücken, eigenen Werken und denen von Freunden haben die Künstler Gemütlichkeit in das Loft gezaubert. Eine Sitzecke mit Biedermeiersofa und alten Sesseln lädt zum Plauschen ein. Rustikale Holztische in der Raummitte fallen ins Auge. An ihnen lässt sich bei Kursen wunderbar arbeiten. Der leidenschaftliche Sammler und Liebhaber schöner alter Dinge hat die über einhundert Jahre alten Möbel vom Sperrmüll gerettet und von einem Tischler aufarbeiten lassen.

Ralf Busz lehrte als Kunstprofessor an der Universität Kassel und forschte im Ausland. Nachhaltig beschäftigen ihn dabei die Glasuren altorientalischer Keramiken. In jeder freien Minute arbeitet der Wissenschaftler an aufwändigen Versuchsreihen, um mehr über die Fertigung herauszufinden. Leuchtend blaue und türkisfarbene Keramiken haben in einer Vitrine Platz gefunden. Über seine Erfahrungen mit der Herstellung der besonderen Glasuren hat der Wahl-Lichtensteiner zusammen mit Co-Autoren ein Buch geschrieben.

Oben: Ein Bereich des Lofts ist mit gemütlichen antiken Sitzmöbeln ausgestattet und dient den Bewohnern als Sitz- und Leseecke. Der große Raum besticht durch seine besondere Architektur. Flur, Wohn- und Arbeitsbereich gehen direkt ineinander über. Die besondere Deckenkonstruktion wird zusätzlich durch drehbare Strahler hervorgehoben, die überall verteilt sind und für eine gute Beleuchtung der vielen Bilder und Keramiken sorgen.

Links: Ralf Busz ist ein Sammler und Liebhaber besonderer Dinge, die in den großzügigen Räumen besonders gut zur Geltung kommen. Die mit Schnitzereien und Intarsien reich verzierten Schränke stammen noch vom Großvater des gebürtigen Krefelders. Mit seiner Wahlheimat Sachsen verbindet ihn vor allem das Faible für Kunst und Kultur. Mehrere Jahre lang war Ralf Busz Vorsitzender des Fördervereins „Sammlung Brühl" im Schloss Lichtenwalde. Viele der schönen Stücke hat er auch von seinen ausgiebigen Reisen mitgebracht.

Gegenüber: Das Esszimmer der Künstlerin Karla Schoppe in der Bachgasse. Die Malerin hat das idyllisch gelegene Anwesen, das auch ihr Elternhaus ist, nach ihren eigenen Wünschen umgebaut. Ein stilvolles Heim ist entstanden, das gleichermaßen gemütlich und individuell ist und zudem genügend Raum für Familie und Freunde bietet.

Oben und unten: Auf dem Flügel im Wohnzimmer sind Dinge platziert, an denen Karla Schoppe besonders hängt. Wer sie mag, schenkt ihr kunstvolle Ostereier, die sie das ganze Jahr über sammelt und ausstellt - eine liebevolle Hommage an den in der Osterzeit verstorbenen Ehemann und Künstler Martin Schoppe, dessen Bilder überall im Haus zu finden sind.

Gegenüberliegende Seite oben: Von der kleinen Küche ihres Hauses in der Bachgasse gelangt die Malerin direkt in den Garten mit überdachter Sitzecke.

Gegenüberliegende Seite unten: Romantische Frauenköpfe in leuchtenden Farben sind im Regal aufgereiht und schauen mit großen Augen durch die Türen in den Garten. In einem Gewächshaus stellt die Künstlerin ihre neuen Keramiken aus. Die Lebensgemeinschaft mit dem Keramiker Ralf Busz inspiriert sie zunehmend, auch mit Ton und Glasuren zu arbeiten.

Draußen leben

Oben: Mit seiner gelben Fassade, hölzernen Fensterläden und einem mit Holz verschalten Obergeschoss scheint das einstige Huthaus und heutige Künstler-Refugium in Pobershau mit der ländlichen Umgebung zu verschmelzen. Hanna und Ralph Siebenborn (links unten) sind vor Jahren von Chemnitz in das Ferienhaus umgezogen. Hier können sie naturverbunden leben, wie sie es schon immer wollten, und haben Platz und Muße zum Kreativsein. Auch Kinder und Enkel lieben den Ort, an dem sie jedes Jahr romantische Ferientage verbringen.

Künstlerhaus der Familie Siebenborn in Pobershau

Hanna und Ralph Siebenborn leben in einem ehemaligen Huthaus im Ferienort Pobershau. Das charmante naturnahe Anwesen mit dem hölzernen Turm ist mehrere Jahrhunderte alt und wurde von der Familie eigentlich nur als Wochenendhaus genutzt. Zu Zeiten des Silberbergbaues war hier der Eingang zu einem Stollen, der hinter dem Haus liegt, längst verfallen und zugewachsen ist. Wer eintritt in die gemütlichen Stuben mit den Fenstern, die ins Weite schauen, wird unweigerlich eine Zeitreise antreten. Tisch, Stühle, Truhe und Uhr scheinen aus demselben Holz gemacht und erzählen vom Leben in vergangenen Tagen. Die Bewohner haben mit Sinn und Verstand das erhalten und eingerichtet, was schon da war. Alte Stücke aus der Familie passen so perfekt in die Räume, als ob nie etwas anderes darin gestanden hätte. Und doch gibt es sie, die modernen Stücke, die sich so einfügen, dass sie nicht wahrgenommen werden, wie der Fernseher oder der antikisierte Kohleofen in der Küche, der eigentlich neu ist aber alt aussieht und in der kalten Jahreszeit für angenehme Wärme sorgt.

Jahre verbrachten die Chemnitzer Künstler hier ihre Ferien mit den Kindern. Dann reifte die Idee, von der Stadt aufs Land umzuziehen. Keine leichte Entscheidung, doch letztlich siegte die Lust, draußen zu leben. Denn ein Dasein außerhalb von engen Steinmauern und Konventionen ist es in der Tat. Öffnet man die Tür vom Flur mit den schönen alten Kacheln, steht man direkt im Freien, blickt auf ein langgezogenes Tal, das von Bergen und Wald eingerahmt wird. Es ist vor allem das Geheimnis des naturnahen Lebens, das die Chemnitzer hier verzaubert. Und es sind Sagen und Mythen, die sich um Land und Leute ranken. Das kleine Haus am Waldrand wurde einst „das Mordhäusl" genannt, gibt Hanna Siebenborn preis. Eine Frau soll ihren Mann darin ermordet haben. Die Ex-Chemnitzerin hat darüber in alten Gerichtsakten gelesen. Den besonderen Charme des Hauses vermag das nicht zu zerstören. Im Gegenteil. Kreativ sind sie hier und tauchen ein in die Idylle des Ortes, in dem andere nur zeitweise sein können, weil sie Ferien machen. Da die Sonne im Winterhalbjahr nicht über die Hügel scheint, hat Ralph Siebenborn einen Turm aufs Haus gebaut. Im Garten nebenan haben die Künstler einen eigenen Lehmofen nach archaischem Vorbild geformt. Es war reizvoll, ihn nachzubauen und wird kniffige Stunden vor dem Brennloch kosten, bis die darin gebrannten Keramiken die gewünschte Härte und Oberfläche haben. Im Obergeschoss steht die alte Nähmaschine der Künstlerin, die mit Vorliebe Stoffe bedruckt und zu Kleidungsstücken vernäht. Ralph Siebenborn gestaltet Metallskulpturen, die originelle Akzente in Haus und Garten setzen.

Oben: Die Sonnenuhr mit der Aufschrift „Carpe Diem" und weitere Metallskulpturen, die Haus und Hof zieren, hat der Metallgestalter Ralph Siebenborn gebaut.

Unten: Viel älter noch als das Haus selbst und die Historie des umliegenden Bergbaues ist das ursprüngliche Modell dieses Brennofens, den die Siebenborns nach einem Vorbild aus der Steinzeit nachgebaut haben. Von Hand befeuert, werden im Inneren des kleinen Lehmofens Temperaturen über 1000 Grad erreicht.

Links: Durch das Entfernen einer Wand ist im Erdgeschoss ein schöner offener Wohnbereich entstanden, der mit altem Mobiliar, Bildern und bequemen Sitzgelegenheiten behaglich eingerichtet ist. An der Wand gegenüber lehnt ein „Hexenbesen".

Unten: Einfacher weißer Putz und alte Holzmöbel in der Küche nebenan passen perfekt ins Huthaus, dessen Bewohner recht wechselvolle Geschicke erlebt haben. Der Schrank stammt noch vom Großvater und hing einst in dessen Hühnerhaus. Die Eigentümer haben ihn restauriert. Das alte Waschbrett wurde bei Hochwasser angeschwemmt, von der Künstlerin gefunden, gereinigt und aufgehängt.

Gegenüberliegende Seite: Eine wunderbare Verbindung von drinnen nach draußen schaffen schöne alte Kacheln im Hausflur und Natursteine direkt vor dem Haus. Die hölzerne Tür und ein alter Kleiderständer mit Hut verstärken das Gefühl, hier ganz unmittelbar in Vergangenes einzutauchen.

Lichtblicke und Spiegelungen

Alte Schmiede der Familie Weismann-Kahl in Kleinolbersdorf

Grünes Weinlaub schimmert in kunstvoll gefertigten Fensterbildern. Durch die geöffnete Tür hört man das Rauschen eines Wasserfalls. Heidrun Weismann-Kahl steht am Arbeitstisch. Das Atelier in der Alten Schmiede in Kleinolbersdorf ist ihr Refugium, in dem sie mit Hingabe Kunstvolles aus Glas, Metall, Ton, Textilien oder Holz herstellt. Die Kostümbildnerin, die hier zusammen mit ihrem Mann lebt und arbeitet, experimentiert gern mit unterschiedlichsten Materialien. Oftmals sind es auch Gebrauchsgegenstände, an denen sie so lange arbeitet, bis sie das perfekte Design haben.

Heidrun Weismann-Kahl kam aus beruflichen Gründen mit ihrem Mann nach Sachsen. Sie suchten das passende Zuhause in der Nähe von Chemnitz und fanden es in der Alten Schmiede in Kleinolbersdorf. Das um 1880 erbaute Haus war kaum mehr bewohnbar, als sie es erwarben. Aber charmant war es doch. Und genau dieser Charme war es, der die Familie letztlich bewog, dazubleiben und die schicke und geräumige Stuttgarter Wohnung gegen das urige ländliche Ambiente in Sachsen einzutauschen. Eine Entscheidung, die nicht von allen Freunden und Familienangehörigen gleichermaßen verstanden wurde. Der Anfang war mühsam und aufwändig. Raum für Raum gestalteten sie ihr neues Zuhause. Türen wurden abgebeizt, Wände entfernt, Mauern durchbrochen.

Mit der Zeit mauserte sich das neue Zuhause zu einem liebenswerten Ort mit Seitengebäude und Terrassen. Sie gestatten heute einen bezaubernden Blick ins Tal mit Baumriesen und Wasserfall. Den legten die Eigentümer selbst an, indem sie den Bachlauf auf dem eigenen Grundstück ein wenig umleiteten und anstauten. Alles erinnert irgendwie an die Toskana. Heute ist die „Kunst-Schmiede" nicht nur ein Refugium für die Künstlerin und deren Familie mit Kindern und Enkelkindern, sondern auch ein beliebter Treff für Künstlerkollegen, die sich hier zu Workshops treffen. Dann wird gemeinsam gearbeitet und das schöne Ambiente in Haus und Garten genossen.

Linke Seite oben: Von Efeu und wildem Wein bewachsen ist die Alte Schmiede der Familie Weismann-Kahl in Kleinolbersdorf. Farbige Säulen am Eingang setzen interessante Kontraste ins dunkle Grün und künden von der Kunstfertigkeit der Eigentümerin. Überall im Haus gibt es bezaubernde von Licht durchflutete Aus- und Einblicke, die zusätzlich durch Glaskunstwerke und Spiegel eingefangen und vervielfacht werden.

Oben: Heidrun Weismann-Kahl am Arbeitstisch in ihrem Atelier. Die Bühnenbildnerin ist äußerst vielseitig und arbeitet vorzugsweise mit Glas, Holz, Papier, Metall und Textilien. Unten: Der Eingang zur Alten Schmiede von der Dorfstraße aus gesehen. Früher erklangen hier die Schmiedehämmer. Heute verzaubert Heidrun Weismann-Kahl das rustikale Ambiente mit Papier- und Glaskunstwerken.

Linke Seite und diese Seite: Mit Glaskunstwerken schafft Heidrun Weismann-Kahl besondere Lichtblicke aus den Fenstern der Alten Schmiede. Unten: Für die Nachwelt gleichsam konserviert ist die von Glas eingehüllte Nähmaschine, welche die Künstlerin aus einem stillgelegten Betrieb gerettet hat.

Folgende Seiten: Den Wintergarten, der ans Atelier grenzt und direkt in den Garten hinaus führt, nutzt die naturverbundene Künstlerin besonders gern zum Arbeiten.

Bezaubernder Ausblick vom gedeckten Tisch im Atelier durch einen Porphyrbogen in den angrenzenden Wintergarten.

Sommerhaus am Stadtwald

Oben: Das romantische Haus von Sieglinde und Peter Gemarius de Kepper mit seiner dunklen hölzernen Fassade und den roten Fensterrahmen zieht die Blicke auf sich und der Gang durch den Garten des Künstlerpaares mit seinen vielen Plastiken gerät zur Entdeckungsreise. Noch bis zum Anfang des vorigen Jahrhunderts gab es am Chemnitzer Küchwald, der seinen Namen nach dem vor Ort geschlagenen Holz für die Küchen bekommen hat, überhaupt keine Häuser. Und auch das heutige Wohnhaus der Chemnitzer war eigentlich als Sommerhaus erbaut worden. Noch heute gilt die bevorzugte Lage mit Wald- und in Zentrumsnähe als etwas Besonderes.

Rechts: Die „Himmelsscheibe von Borna" steht im Garten der Familie Gemarius de Kepper und ist eine individuelle Hommage des Künstlers an das berühmte Pendant von Nebra. Borna heißt der Chemnitzer Stadtteil, in dem das Paar lebt.

Künstlerpaar Sieglinde und Peter Gemarius de Kepper in Chemnitz

Garten und Haus von Sieglinde und Peter Gemarius de Kepper muten auf den ersten Blick an, als ob es hinter dem Haus nur noch Wald und Wiesen gäbe. Zudem wirkt das Anwesen mit der dunklen Holzfassade und den leuchtend roten Fensterrahmen wie ein Ferienhaus. In der Tat war es einst als Sommersitz erbaut und später für die neue Funktion als ganzjährig genutztes Wohnhaus umgebaut worden. Nur die Geräusche der nahen Bundesstraße verraten, dass das idyllische Anwesen nur wenige Minuten vom Chemnitzer Stadtzentrum entfernt liegt. Mit den Jahren hat es den Charme seiner Bewohner angenommen, ist ein Künstlerhaus geworden. Die Eigentümer waren Jahrzehnte am Theater tätig. Kein Wunder, dass fast jeder Bereich im und am Haus mit Kunstwerken bestückt ist und dadurch sein besonderes Thema bekommen hat. Vieles von dem, was der vielseitige Bühnenbildner aus Metall, Stein, Ton, Holz, Papier oder Keramik entstehen lässt, zeigt mit einem Augenzwinkern seine ganz besondere Sichtweise auf die Dinge des Lebens. Die „Himmelsscheibe von Borna" steht im Garten. Ein steinerner Fuchs nach der Hühnerjagd pfeift sich eins und eine grazile Seiltänzerin scheint über dem Blumenbeet zu schweben. Zur Entdeckungstour gerät aber auch der Gang durchs Haus. Jeder Raum, jede Nische erzählt vom erfüllten Künstlerleben der Fotografin und des Bühnenbildners.

Der Zufall wollte es, dass Sieglinde und Peter Gemarius de Kepper noch in der ehemaligen DDR auf die reizvolle Immobilie am Stadtrand aufmerksam wurden. Der frühere Hauseigentümer hatte die Ausreise beantragt und das Paar kannte ihn und mochte auch das Anwesen, das nur wenige Minuten vom Chemnitzer Küchwald entfernt liegt. Das Paar lebte damals beengt, so überlegten sie nicht lange, ergriffen die günstige Gelegenheit und kauften ihr Traumhaus. In den 80er Jahren zogen sie ein und bewohnten zunächst die Räume im Erdgeschoss. Vor allem galt es, aus dem leicht und unkonventionell erbauten Sommerhaus ein richtiges Wohnhaus zu machen. Füllmaterial wurde in die bislang noch hohlen Wandzwischenräume geblasen, das Dach gedämmt, eine Heizung eingebaut. Als auch die übrigen Räume frei wurden, konnte sich der Eigentümer seine Arbeitsräume unter dem Dach einrichten. Dass die Arbeit eines Bühnenbildners nicht am Theaterausgang endet und vor allem Platz braucht, wird spätestens beim Besuch der randvollen Ateliers klar. Modelle und Fotos von Aufführungen stapeln sich auf dem Tisch und an den Wänden. Eigene Kunstwerke komplettieren das kreative Sammelsurium. Selbstgefertigte Marionetten schweben an den Zimmerdecken. Bilder des Eigentümers hängen an den Wänden neben großformatigen Porträtfotos seiner Frau.

Oben: Sieglinde Gemarius de Kepper hat als Fotografin den Blick für das besondere Motiv. Früher hat die Chemnitzerin am Theater ihrer Heimatstadt gearbeitet. Heute setzt sie prominente Personen und Landschaften in Szene und stellt ihre Bilder von Zeit zu Zeit in Vernissagen aus.

Unten: In seinem Atelier unter dem Dach hat Peter Gemarius de Kepper die besten Ideen und Platz, um sie umzusetzen. Neben unzähligen Erinnerungen an eine jahrzehntelange Arbeit als Bühnenbildner am Chemnitzer Theater gibt es eine Fülle neuer Exponate und Kunstwerke. In seinem Job hat der gebürtige Chemnitzer unzählige Figuren und Installationen gefertigt. Aus Materialknappheit heraus hat er gelernt, mit den ungewöhnlichsten Mitteln zu improvisieren.

Gegenüberliegende Seite oben links: Die Küche im Erdgeschoss ist das Herz des Hauses. Alles, was zum Zubereiten von Speisen benötigt wird, ist sichtbar und praktisch in Regalen untergebracht.

Gegenüberliegende Seite oben rechts: Eine Marionette bewacht den Eckschrank. Alle Winkel im Künstlerhaus sind mit selbstgefertigten Kunstwerken bestückt.

Gegenüberliegende Seite unten: Bilder des Eigentümers und befreundeter Künstler bringen Farbtupfer in die Wohnräume. Aus den Fenstern hat man einen wunderbaren Ausblick in den weitläufigen Garten, der mit Skulpturen in Szene gesetzt wird.

Diese Seite: Ein „Fuchs nach der Jagd" und diverse andere Stein- und Metallskulpturen sind nur ein Bruchteil der großen privaten Gartenausstellung im Künstlerhaus Gemarius de Kepper. An Tagen des offenen Ateliers und bei vorherigen Anfragen öffnen die Chemnitzer ihre Türen gern für Interessenten.

Dem Haus das Gesicht und die Seele bewahren

Oben: Der Schreibplatz der Künstlerin Anna-Maria Naumann ist im ehemaligen Stallgebäude des Hofes in Langenchursdorf untergekommen. Raum für Künstlerisches ist da, aber auch Platz für moderne Kommunikationstechnik. Anna-Maria Naumann spielt leidenschaftlich gern Klavier, arbeitet aber auch am Computer. Beides möchte die rührige Eigentümerin nicht missen.

Rechts: Eine Augenweide ist der denkmalpflegerisch und ortsbildprägend sanierte Hof der Familie Naumann. In vielen liebevoll gestalteten Winkeln und Ecken in Haus und Hof erspürt man noch die ländliche Historie des Anwesens.

Hof der Familie Naumann und Atelier der Künstlerin Anna-Maria Naumann in Langenchursdorf

Der Hof, auf dem die Künstlerin Anna-Maria Naumann mit ihrer Familie lebt und arbeitet, ist ebenso romantisch wie individuell. Ein schmaler Weg führt hinauf zum hölzernen Gartentor. Ländliches Gerät steht in den Ecken, Blumen bringen den Hauseingang zum Leuchten. Unter dem Schauer steht der Lieblingssessel von Tochter Judith, die noch mit im Haus lebt. Auch wenn die Kinder schon groß sind, sie sind immer noch gern hier. Kein Wunder, denn es steckt Herzblut im Anwesen, alle haben daran mitgebaut. Und jeder Raum des schönen Dreiseitenhofes ist anders, weil er von der Künstlerin und der ganzen Familie genutzt wird und die kunstfertige Eigentümerin überall ihr Händchen fürs schöne Detail und Behaglichkeit ins Spiel gebracht hat.

Es ist eine dezente und behutsame Art, mit der die Familie das einstige Kleinbauerngut saniert hat. Haus und Hof waren einst vom Vater an den Sohn gegangen, lange Zeit vermietet gewesen und ab 1995 von der Familie Naumann zum Ruhestandswohnsitz auserkoren und nach und nach ausgebaut worden. Die studierte Malerin und Grafikerin und der Pfarrer im Ruhestand hatten ein Zuhause für sich gesucht, das genügend Platz und Individualität bot. Der beschauliche Hof der Familie ist zum liebenswerten Refugium und auch zum Künstlerhaus für Anna-Maria geworden.

Alte Möbel kommen heute zu Ehren und sind so ausgewählt und platziert, dass sie schon immer unter den uralten Deckenbalken gestanden zu haben scheinen. Direkt nebenan liegt die kleine Küche mit Kohleherd und Buffet. Im oberen Stockwerk befinden sich Leseecke und Atelier der Künstlerin. Hier meditiert sie und findet zu neuen Ideen. Eigene mit Kohle und Blei gezeichnete Porträts hängen an den Wänden, Buchseiten sind zu kleinen Kunstwerken gebunden, raues Packpapier hinter Glas avanciert, coloriert mit zartem Grau, zum Sujet hinter Glas.

Aus dem Atelier von Anna-Maria schaut man über den Hof auf das um- und ausgebaute Stall-Wohnhaus, in dem sie eine Sitzecke und einen Schreibplatz eingerichtet hat. Sie schätzt den Computer für den Schriftverkehr und Bildpräsentationen. Anna-Maria Naumann leitet eine Künstlergruppe, freut sich, wenn der Funke überspringt und sie ihre Begeisterung fürs kreative Tun an Andere weitergeben kann.

Oben und unten rechts: Im ersten Stock des Wohnhauses ist das Atelier eingerichtet. Obwohl die Deckenhöhen niedrig sind, herrscht eine freie und lichte Atmosphäre im gut durchdachten Raumkonzept. Hier meditiert die Eigentümerin und schöpft neue Kraft und Kreativität für künftige Projekte. Antikes und modernes funktionelles Mobiliar vereinen sich auf die ihr eigene ungezwungene und leichte Art. Überall im Raum ist die Seele der Malerin zu erspüren, die achtsam und feinfühlig Gesehenes und Erlebtes abbildet und verschiedenste Materialien zu Kunstwerken zusammenfügt und umgestaltet.

Links: Nicht nur die Wohnräume, sondern auch der kleine Flur des Wohnhauses wird von den Bücherliebhabern zur Unterbringung ihrer Sammlung genutzt. Mit Regalen, gemütlichem Sessel und Tisch ist in eine behagliche Leseecke entstanden.

Mitte: Mit ländlichem Geschirr ist ein Regal bestückt.

Unten: Mit beeindruckenden Deckenbalken und antiken Möbeln haben die Hofeigentümer jene Authentizität erhalten, die für den schönen alten Hof charakteristisch ist. An den Wänden hängen Porträts der Malerin, die schon immer Stift und Papier zur Hand hat, um Stimmung, Mensch und Landschaft einzufangen.

Rechte Seite: Von unten gesehen mutet der in bergiger Landschaft und idyllisch von Bäumen und Büschen eingewachsene Hof fast wie eine Burg an.

Unten: Klares Brunnenwasser plätschert wie ehedem in eine alte Zinkwanne.

Folgende Seiten: Wie in alter Zeit gelangt man durch ein überdachtes Holztor auf den großen von vier Seiten umfriedeten Hof der Familie.

Ein romantischer Weg führt vom Feld her heute noch zum Hof in Langenchursdorf. Früher wurde auf diesem Weg die Ernte eingefahren.

127

127

Kunst am Kloster

Oben: Vom besonderen Licht des Tages wird eine Ecke im Atelier verzaubert. Sprossenfenster und -türen gewähren Ausblicke in Garten und Natur, die je nach Tageszeit und Lichteinfall per sé zu eigenen Kunstwerken avancieren. Wohnhaus und Atelier der Designerin Marita Kühn-Leihbecher und des Bildhauers Volkmar Kühn gehen ineinander über und lassen den Gang durch Haus und Hof zu einem Erlebnis werden.

Unten rechts: Figurengruppen des Bildhauers Volkmar Kühn scheinen unter dem Spitzdach des Ateliers einen wechselseitigen Dialog zu führen.

Gegenüberliegende Seite: Hoch oben, über dem Wohnhaus mit Atelier, erheben sich die uralten Mauern des Klosters Mildenfurth.

Wohnhaus und Atelier von Marita Kühn-Leihbecher und Volkmar Kühn am Kloster Mildenfurth

Im Jahr 1968 entdeckte der Bildhauer Volkmar Kühn das Kloster Mildenfurth in Thüringen, mit dem Fahrrad und eher zufällig. Er spürte die besondere Ausstrahlung und beschloss, dazubleiben, auch wenn das Wohnen im Kloster rustikal und bar jeden Komforts war. Der verwunschene Ort, zu dem man unweit über eine kleine Holzbrücke gelangt, inspirierte ihn. Weil er zu den eigenen Intentionen passte und weil Platz und Ruhe beste Voraussetzungen boten, um konzentriert zu arbeiten. So ist es bis heute geblieben. Nur das Refugium wechselte. Lebte der Künstler früher noch im Kloster, baute er seit 1970 die angrenzenden Wirtschaftsgebäude zu Wohnraum und Atelier um.

Der ehemalige Schweinestall und die Scheune am Kloster Mildenfurth wurden auf diese Art zu einem Künstlerhaus, das bis heute optimal zum Leben und zum Arbeiten geeignet ist. Hoch oben hinter dem Anwesen erheben sich die uralten Mauern des imposanten Ensembles, dessen Gebäude teilweise noch erhalten sind. Garten, Anlage und auch das Kloster selbst sind Orte für Kühns Dauerausstellung geworden, die landesweit ihresgleichen sucht. Figuren aus Ton und Bronze scheinen jeden Winkel, jede Nische, jede Rasenfläche zu inszenieren. „Große Hoffnung" heißt eine Kindergruppe, die zusammen mit anderen Figuren ein Eigenleben im Gewölbekeller des Klosters zu führen scheint (folgende Seiten). Figuren mit und ohne Maske, gestikulieren, agieren oder stehen still und blicken am Betrachter vorbei ins Weite. Ross und Reiter, Männer mit Schlange oder ausgebreiteten Armen scheinen sich zu bewegen, sobald man den Rücken kehrt. Ein Lebenswerk ist es und ein Szenario, das fasziniert, anrührt, nachdenklich macht und ständig erweitert wird. Kampf und Spiel, Enge und Weite wechseln sich ab. Figurengruppen im Atelier setzen das Ensemble fort. Auch im Haus, das vom Efeu und Wein im Inneren grün schimmert, gibt es unzählige geheimnisvolle, von Figuren bewachte und ausgefüllte Winkel und Ecken, die eine Entdeckungsreise lohnen.

Marita Kühn-Leihbecher lebt und arbeitet seit 1989 mit dem Bildhauer Volkmar Kühn zusammen. Sie lernte ihn in einem Café kennen und zog schon bald darauf aus der Stadt zu ihm nach Mildenfurth um. Fortan inspirierten sich die Künstler wechselseitig, wurden die Collagen und Papierkunstwerke der kreativen Frau nicht zuletzt auch vom meditativen Ort durchdrungen, den Mönche einst zum Beten und Arbeiten auserkoren hatten. Die Designerin hat dem Domizil am Kloster ihren eigenen Stempel aufgedrückt, hat sanft durchgesetzt, dass Räume und Ateliers vollendet, weiter um- und ausgebaut wurden, dabei trotzdem ihre Funktionalität und Ästhetik behielten. Inspirationen findet die Künstlerin, wie ihr Lebenspartner auch, vor allem rund ums Kloster. Ornamente, Lettern und Kreuze werden gleichsam zu Metaphern, die auffordern, in unbekannte Welten einzutreten, neuen Ideen zu begegnen und sich auf die Wahrheit menschlicher Existenz einzulassen.

Diese Seite oben: Ateliergalerie mit Arbeiten von Marita Kühn-Leihbecher und Volkmar Kühn.

Diese Seite unten: Reizvoller Blick durch einen Bogen der romantischen Klostermauer. An Wohnhaus und Atelier grenzt ein weitläufiger Garten, dessen Mauern, Flächen, Nischen und Winkel mit unzähligen Arbeiten der beiden Künstler ausgestattet sind.

Gegenüberliegende Seite: Mit anrührenden Blikken einer nachfolgenden Generation, die noch klein aber keineswegs mehr kindlich und eigentlich schon viel zu erwachsen ist, kommt die Figurengruppe „Große Hoffnung" von Volkmar Kühn daher.

Weite, Licht und klare Formen

Haus und Atelier der Künstlerin Sonja Näder in Chemnitz

Haus und Atelier der Künstlerin Sonja Näder in Adelsberg sind hell, licht und weit. Kaum ist noch vorstellbar, dass das Anwesen einst ein Gartengrundstück war. Die Familie nutzte es in den frühen DDR-Jahren als Atelier und Sommerhaus. Der idyllische Platz und die exponierte Lage in Zentrumsnähe verführten einfach dazu, über die eigenen vier Wände im Grünen nachzudenken, und ließ nach der Wende den Dauerwohnsitz der Familie und das Atelier als Neu- und Umbau entstehen.

Die lebhafte und äußerst vielseitige Chemnitzerin brennt nach wie vor für ihre Kunst. Ihr Job ist zugleich auch ihre Leidenschaft, entsprechend ausgefüllt war und ist das Leben der Künstlerin, der man die vollendeten sechs Jahrzehnte auch auf den zweiten Blick kaum ansieht. Aus dem Erzgebirge stammend, hatte sie nach dem Kunststudium zunächst gestalterisch in der Textilbranche gearbeitet und war parallel künstlerisch frei tätig. Mit den Jahren hat Sonja Näder ihren ganz eigenen Stil entwickelt. Einen, der ihr jenen Wiedererkennungswert verschaffte, den all ihre Objekte haben, egal ob sie bedruckt, gewirkt oder gestrickt sind. Die Künstlerin blickt nicht nur ungern auf die Zeit als Designerin in der DDR zurück. Für sie war es eine Zeit, in der man von der Pieke auf gelernt hat und zudem vieles kreativ improvisieren musste, was heute ganz selbstverständlich verfügbar ist. Teamarbeit war und ist ihr wichtig. Noch heute gibt es gute Kontakte zu Designern, mit denen sie in der Industrie tätig war. Eine Zeit, die sie gerade deshalb nicht missen möchte, weil sie ihr viele wertvolle Erfahrungen gebracht hat. Solche, die die Künstlerin auch nach der Wende erfolgreich einsetzen konnte und die ihr Aufträge bei bekannten Firmen, mehrere Designpreise und später auch die eigene Firma mit ihrer exklusiven Strickkollektion brachten.

Immer sind es ausgefallene Dinge, die sie ständig weiter bis zur Perfektion entwickelt. Sonja Näder´s Credo für ihre Kollektionen und Unikate: „Sie sollten Unterstreichung der Persönlichkeit, der individuellen Lebensweise, und auch ein wenig Traum im Alltag sein". Es schien und scheint egal zu sein, was sie gerade gestaltet, Klarheit und Funktionalität in Formen und Farben spiegeln sich in allen Arbeiten wider, ob als Designobjekt oder Kunstwerk. Ihre neuen Bilder, Skulpturen und Objekte wenden sich philosophisch-meditativen Inhalten zu und sprechen die Sprache einer Frau, die unterschiedlichste Materialien stets aufs Neue faszinieren.

Linke Seite: Von Licht durchflutet und offen zur Natur sind die Wohnräume im Chemnitzer Stadthaus, in dem die Künstlerin Sonja Näder mit ihrer Familie lebt.

Rechte Seite oben und unten: Das Haus mit viel Glas und einer Galerie war ein Anbau an die bestehende Bausubstanz. Der Garten ist zugleich Ausstellungsfläche für eigene Kunstwerke und die von Freunden.

Linke Seite oben: Die Künstlerin in ihrem Atelier, das im oberen Stockwerk des Hauses unter dem Dach liegt, einem Ort für neue Projekte oder auch schöpferische Pausen. Helle Hölzer reflektieren einfallendes Licht. „Licht, das fundamental ist für meine Arbeit", erklärt sie. Reisen nach Australien, Mexiko und Peru inspirierten die Chemnitzerin neben einer ihr sonst eigenen monochromen lichten Bildsprache zu farbintensiveren Werken.

Linke Seite unten: Materialsammlungen, Objekte und Schmuck aus eigener Kollektion unter der Dachschräge in ihrem Atelier.

Rechte Seite und unten: Die jüngsten Objekte; Materialcollagen aus Papier, Stein, Metall und Seidenraupenkokons sind gleichsam Metaphern zu menschlichen Grundthemen, die mit dem Ursprung des Lebens, Erinnerungen oder Vergänglichkeit zu tun haben.

Von der Leidenschaft, zu malen

Oben: Marga Drechsel im Atelier unter dem Dach ihres Wohnhauses in Zwickau, in dem sie viele Jahre lang gemeinsam mit ihrem Mann Edgar gearbeitet hat. Die Hinwendung zur Kunst und der tiefe Sinn ihres Schaffens lassen sie auch im achten Lebensjahrzehnt um vieles jünger wirken, als sie eigentlich ist, und den Verlust des geliebten Mannes überwinden, indem sie die gemeinsame Arbeit fortsetzt. Schon bald ist in der Heimatstadt Zwickau eine neue Ausstellung geplant.

Unten: Das Malen mit dem Wachsmaler (Tjanting) ist eine fernöstliche Technik und erfordert neben künstlerischen Fähigkeiten auch eine ruhige Hand, Disziplin und Sorgfalt beim Auftragen auf den Stoff. Das Wachs wird nach dem letzten Farbauftrag ausgekocht. Die Batiken bestechen durch feine Linienführung, hohe Farbbrillanz und anspruchsvolle Themen.

Künstlerhaus Drechsel in Zwickau

Die hohe Kunst des javanischen Wachsbatikens hat Marga Drechsel zusammen mit ihrem vor kurzem verstorbenen Mann Edgar ein Leben lang ausgeübt und mit den Jahren immer weiter verfeinert. Es war eine ganz besondere Partnerschaft. Eine, die beide nicht nur liebevoll füreinander einstehen, sondern auch für Jahrzehnte zusammen in Werkstatt und Atelier arbeiten ließ. Eine, die unzählige Kunstwerke hervorbrachte, die ausgefallene grafische und malerische Elemente enthielten, und die heute Wände in öffentlichen Gebäuden zum Leuchten bringt. Von sich Reden machten dabei auch die Konzipierung des Schalom-Hauses in Schönebeck/Elbe mit einem eigens für diesen Raum gestalteten Triptychon, das in seiner besonderen Art stellvertretend für viele weitere Kunstwerke des Zwickauer Paares steht.

Marga Drechsel beherrscht wie keine Zweite die Kunst, entworfene Motive mit Wachs auf Stoffe zu zeichnen und diese in mehreren Schritten einzufärben. Mit einem Tjanting (linke Seite unten), der heißes Wachs aufnehmen kann, werden feine Linien und Flächen auf Gewebe gezogen. Die Arbeit gleicht der Malerei, nur dass hier als Medium nicht Farbe, sondern geschmolzenes Wachs verwendet wird. Der Wachsauftrag beginnt auf weißem Stoff. Dann wird von der hellsten Farbe bis zur dunkelsten gefärbt und immer wieder mit Wachs reserviert. Zum Schluss wird das Wachs ausgekocht. Erst nach dem Bügeln entfaltet sich die entstandene Arbeit. Eine, die auch zu Kleidung vernäht werden kann, wie früher in der DDR, wo Drechsels selbst entworfene und gebatikte Mode zu den absoluten Knallern auf der Messe avancierte. Eine Gedächtnisausstellung von Richard Dölker in den fünfziger Jahren war dem Ehepaar zur Berufung geworden, so dass sie in dieser Technik ihre Intentionen zum Ausdruck bringen wollten. Edgar Drechsels Protesthaltung gegen das ehemalige DDR-Regime hatte den Lehrer letztlich zum Austritt aus dem Schuldienst und völlig zur Kunst hingeführt. Fortan ließen ihn die Motive auf Stoff nicht mehr los. Zusammen mit seiner Frau Marga begann er, Werkstatt und Atelier einzurichten. Die meisten künstlerischen Arbeiten - Batiken wie Aquarelle - sollten fortan die Handschrift beider Eheleute tragen und sowohl christliche, mythologische als auch landschaftliche und architektonische Inhalte haben. Seit Ende der 90er Jahre entstanden ausschließlich großformatige farbenprächtige Aquarelle mit Federzeichnung. Auch wenn er körperlich nicht mehr da ist, atmet das Drechselsche Haus in Zwickau heute die Seele und das künstlerische Werk des Mannes, der bis in das achte Lebensjahrzehnt tätig war. Große Batiken und Aquarelle lassen die Wände des schönen alten Hauses erstrahlen. Kissen, Decke, Wandbehänge tragen die Handschrift des kreativen Paares. Es war ein reiches und erfülltes Leben, das mit Marga Drechsel nun seine Fortsetzung findet. An Arbeitstisch und Staffelei führt sie jene Kunst fort, der auch ihr Mann Edgar sein ganzes Leben lang leidenschaftlich verfallen war.

Oben und unten: Schöne alte Möbel des Paares und Aquarelle von Edgar Drechsel setzen Nischen und Winkel des Wohnhauses in Weißenborn in Szene. Vieles von dem, was in den Räumen steht, stammt noch aus der DDR-Zeit, ist in seiner Art aber so zeitlos und schön, dass es auch heute aktuell und elegant ist. Edgar Drechsel hat nicht nur gemalt und gebatikt, sondern auch Stühle und Sessel entworfen und die Räume im Haus konzipiert, das mit den Jahren immer wieder umgebaut und den neuen Erfordernissen angepasst wurde. Das Konzept zum überdimensionalen Fenster, das einen wunderbaren Blick in den Garten freigibt (unten), entstand schon in den frühen DDR-Jahren.

Links: Ein Aquarell einer sonnigen Stadt schmückt das Wohnzimmer der Tochter. Die Künstlerin Marga Drechsel ließ sich gern und oft von Auslandsaufenthalten inspirieren und malte das Motiv in Gelb- und Orangetönen nach einem Urlaub im sonnigen Süden. Eine weiß lasierte Holzdecke, weiße Möbel und Kissen in leuchtenden Farben lassen das Aquarell besonders gut zur Geltung kommen.

Unten: Eine Hommage an Zeiten, in denen Wände in wohlhabenden Häusern noch mit Stoff bespannt wurden, ist die Batik im Hausflur der Drechsels. Was wie eine Velourstapete aussieht, ist ein kunstvoll gebatikter Stoff, der nach seiner Fertigstellung über die gesamte Wand gespannt worden ist.

Gegenüberliegende Seite: Eine Römische Stadt auf Stoff. Überdimensionale Batiken aus dem Hause Drechsel setzen ganze Wände in Szene und verleihen den Innenräumen ein kunstvolles Flair. Besonderer Vorteil: Die Arbeiten lassen sich unkompliziert auch an jeder anderen Stelle aufhängen und können gewaschen und gebügelt werden, wenn sie verschmutzt sind, so dass sie ihre Leuchtkraft nicht verlieren.

Bildhauer-Refugium

Haus und Atelier von Fritz Böhme in Hohndorf

Am liebsten hätte er, dass überhaupt nichts über ihn geschrieben wird. Seine Skulpturen und Keramiken sollen stattdessen für ihn sprechen. Wer diese in Augenschein nimmt, wird sich angerührt fühlen von den teils überlebensgroßen Figuren des Bildhauers aus Stein, Holz und gebranntem Ton, die so authentisch sind, dass sie sich zu bewegen scheinen, sobald man den Rücken kehrt. Es sind die in sich geschlossenen kraftvollen Motive, die eine besondere Schönheit in sich tragen und verzaubern, sobald man sich auf sie einlässt. Atelier und Scheunen von Fritz Böhme in Hohndorf atmen die Seele des Bildhauers, der hier sein Refugium für eine jahrzehntelange Schaffensphase gefunden hat.

Wer den langen Weg hierher findet, kommt meist nicht nur zum Schauen und Stöbern. Er hat oft ein ganz bestimmtes Anliegen an den Bildhauer, dessen beeindruckende Arbeiten nicht nur Sammler, sondern auch Künstlerkollegen erwerben, weil sie wohl am besten beurteilen mögen, wie viel Können und Intention in ihnen steckt. Haus und Seitengebäude mit Atelier und Werkstatt sind über 150 Jahre alt und waren ruinös, als der Künstler mit seiner Frau das Anwesen am Ortsrand erwarb. Platz sollte vor allem sein, um darin arbeiten zu können. Unzählige Arbeitsstunden stecken seitdem in Haus und Hof, die nicht nur von der Kunstfertigkeit, sondern auch von der Sammelleidenschaft des Bildhauers erzählen. Im Wohnhaus hat er Reste von Renaissance- und Barockdecken eingebaut. Fritz Böhme sammelt neben anderen Dingen Holzkunst und Keramiken aus vergangenen Jahrhunderten. Er ist ein Mann, der seine Heimat und deren Kultur liebt und Dinge bewahren möchte, die besonders sind. Raue Bruchsteinmauern künden von der Funktionalität der unteren Stuben, den „Niederstuben", die früher einmal Stallungen waren. Zweckgebunden sind sie auch heute noch. Arbeiten des Künstlers stehen da, Bilder von Freunden hängen an den Wänden. Im Haus des Bildhauers gehen das Wohnen und das Arbeiten ganz selbstverständlich ineinander über.

Linke Seite: Mehrere Körper scheinen in der gewaltigen Holzskulptur am Eingang zu stecken. Weitere kleinere Keramiken von Fritz Böhme lenken den Blick auf den Eingang und die Fenster des Wohnhauses.

Oben: Blick in den Garten des Bildhauers mit teils vollendeten, teils begonnenen Skulpturen aus Holz und Stein.

Oben: Fast mystisch, wie eine geheimnisvolle Zwischenwelt, mutet der Besuch in der anderen Scheune an, in der weitere von Böhmes Arbeiten auf neue Besitzer warten. Für unseren Besuch hat der Bildhauer seine Kinder aufgedeckt. Sonst schlafen sie geschützt unter Decken.

Linke Seite und diese Seite unten: Blick in das hohe und weitläufige Atelier des Bildhauers, das in der Scheune des Hofes untergebracht ist. An den Wänden hängen orientalische Teppiche und Webereien sowie geschnitzte Figuren aus Afrika. Tische und Regale sind mit Kunstwerken bestückt. Frauenkörper sitzen, stehen und liegen im Raum. Paare umschlingen sich. Der Bildhauer mag die Dinge so, wie sie sind. Ohne Verfremdung, weich und natürlich sind Böhmes Skulpturen und Keramiken.

Feiern in der ältesten Scheune Sachsens

Oben: Blick auf die Scheune der Familie Lieffertz in Beedeln, die im Jahre 1557 erbaut wurde und somit als älteste erhaltene Scheune Sachsens gilt. Heute ist das denkmalgerecht sanierte Gebäude ein Refugium besonderer Art, in dem sich Leute treffen oder feiern können. Großzügig und modern sind die verglasten Tore. Zum Blickpunkt im Ensemble avanciert ein Schiebevorhang mit einer japanischen Maske aus dem 19. Jahrhundert.

Rechts: Der Innenhof wird nach alter Art von vier Gebäuden umfriedet und vor Wind und Wetter geschützt. Saniertes Fachwerk und eine helle Fassade lassen den Hof leuchten. Holztore mit alten Beschlägen und Bruchsteine ergänzen das authentisch sanierte Ensemble. Die große Linde in der Hofmitte haben die Eigentümer selbst gepflanzt.

Vierseithof der Familie Lieffertz in Beedeln bei Seelitz

Ein Lindenbaum beschattet den Hof. Sonne wärmt die Ziegelsteine der Heiste. Die Hauskatze leckt sich das Fell. Wer das geschlossene Anwesen der Familie Lieffertz kennen lernt, kann sich kaum vorstellen, dass es auf dem Hof jemals anders gewesen ist. Auf der Suche nach einem Wochenendgrundstück waren die Betriebswirtschaftlerin und der Maler und Grafiker mit ihren Kindern in das kleine Dorf gekommen und letztlich geblieben. Obwohl der Hof lange leer gestanden hatte, schmucklos und ruinös war, gefiel er ihnen. Mitten im Grünen, in der hügeligen Landschaft des Vorerzgebirges, war es den damaligen Städtern im kleinen Beedeln vorgekommen wie in der sächsischen Toskana.

Denkmalgeschützt und verfallen, sollte das Ensemble für Jahre ihre volle Aufmerksamkeit in Anspruch nehmen. Nach dem Kauf befreiten die Eigentümer Haus und Hof vom Müll und sanierten das Anwesen nach allen Regeln der Kunst. Unzählige Arbeitsstunden vergingen, bis sie einziehen konnten. Familie und Freunde packten mit an und aus der geplanten Wochenendbeziehung wurde eine Liebe fürs Leben.

Beim Sichten der Unterlagen und eingehender Untersuchung der Balken hatten die Eigentümer zudem entdeckt, dass die Scheune des Hofes im Jahr 1557 erbaut worden war: Ein biblisches Alter für ein solch funktionelles Gebäude aus Holz, Lehm und Stroh. Wenig später war klar, dass sie den Hof mit der ältesten Scheune Sachsens gekauft hatten. Holz, Steine, Ziegel - alles wurde daraufhin sorgfältig ausgewählt und von Amtes wegen einer strengen Prüfung unterzogen. Letztlich entwickelte sich aus dem maroden Gemäuer ein Vorzeigeprojekt und der neu erstandene Vierseithof wurde in einem ausgeschriebenen Landeswettbewerb für die Erhaltung und Pflege ländlicher Bausubstanz prämiert. Die Leipziger kamen immer öfter und blieben schließlich ganz da, weil sie auf dem Dorf am besten die Seele baumeln lassen können. Aus dem offenen gastfreundlichen Haus wurde mit der Zeit auch offiziell eines für Gäste, die eigene Zimmer und heute sogar eine separate Küche nutzen können. Bruchsteine an den Wänden erzählen vom ehrwürdigen Alter, sonst ist es funktionell und modern.

Familie und Freunde kommen nach Beedeln aber auch Kunststudenten, die an Workshops teilnehmen. Nicht zuletzt nutzen Jubilare die Riesenscheune gern zum Feiern. Nein, ein Erlebnisbauernhof mit Tieren ist es nicht geworden, eher ein Künstlerhof, mitten in der Natur. Aus dem verglasten Tor wird der Blick in den Garten mit Wildenten, Teich und Schilf gelenkt. Leute, die hier einkehren, bringen Leben ins Haus und Bilder von Künstlerkollegen zaubern individuelle Farbtupfer in die großen Räume.

Oben: Das Innere der ältesten Scheune Sachsens ist heute ein Ensemble aus saniertem Fachwerk, hohen Glastoren und überdimensionalen Kunstwerken. Die früher übliche und sehr selten gewordene Blattverbindung zwischen den Balken, die später aus bautechnischen Gründen keine Anwendung mehr fand, ist in der Scheune noch zu besichtigen.

Unten: Hinter dem Hof haben die Eigentümer einen Teich angelegt. Vom hohen Schilf aus mutet die sanierte Scheune mit der schmucken Fachwerkfassade fast ein wenig nordisch an. Die 300 Quadratmeter große Dachfläche ist nach altem Vorbild und in Anlehnung an das ländliche Umfeld mit Naturschiefern eingedeckt worden.

Linke Seite: Der Treppenaufgang im Gästehaus ist eine Hommage an das einfache ländliche Ambiente, dessen Schönheit immer auch etwas mit klaren Linien und sparsam und funktionell eingesetzten Details zu tun hat. Das Türkisblau im Eingangsbereich setzt sich harmonisch in den oberen Räumen fort und bringt frische Farbtupfer und einen schönen Kontrast zur Struktur der rauen Wände und Böden hinein.

Oben: Eines der Gästezimmer, das wie das übrige Haus ebenfalls stilvoll und puristisch eingerichtet ist. Freunde nutzten das Refugium auch schon zum Schreiben. Hier kann man auftanken und sich sammeln. Blaue Farbtupfer in Teppich, Bild und Vase korrespondieren miteinander.

Unten: Besonders schön ist die unverputzte Bruchsteinwand in der Gästeküche, in der man sich unweigerlich vorkommen würde wie in längst vergangenen Tagen, wenn nicht modernes Küchengerät dastände. Die urige Gästeküche ist ein Raum, in dem Besucher des Hauses auch gern zusammen kochen. Auf eine solch gesellige Art macht das Hofleben besonders viel Spaß.

Urlaub, Kunst und Kultur vor den Toren Dresdens

Oben: Blick in den Innenhof des Kunsthofes Sobrigau. Es mag wohl kaum etwas Behaglicheres geben, als solch einen romantischen „Patio", der im Freien aber trotzdem geschützt liegt und jeden Sonnenstrahl einfängt. Im Hof hat die Galeristin Skulpturen von Künstlern aus der Region aufgestellt.

Rechts: Der Kunsthof liegt landschaftlich idyllisch und ruhig. Trotzdem sind es nur wenige Kilometer bis zur Landeshauptstadt Dresden.

Kunsthof von Monika Wessel in Sobrigau bei Dresden

Monika Wessel aus Sobrigau hat beides vor der Haustür - idyllisches Land- und pulsierendes Stadtleben. Wenn sie mag, ist die Galeristin und Eigentümerin des Kunsthofes Sobrigau in wenigen Autominuten in Dresden. Von der Anhöhe ihres Hofes sieht sie im Tal die Landeshauptstadt liegen. Doch die meiste Zeit über genießt sie die Ruhe und Beschaulichkeit in der kleinen Gemeinde. Freunde und Bekannte treffen sich bei ihr und ihrem Mann, dem Berliner Architekten Kay Wieland, im Künstler-Café zum Plausch.

Feriengäste logieren im geräumigen Seitengebäude, um die Elbmetropole und die Flusslandschaft entlang des Elberadweges zu erkunden. Künstler aus Dresden und Umgebung bekommen im Kunsthof eine Plattform, um auszustellen. Das ganze Jahr über finden hier Konzerte statt. Autoren nutzen die Events parallel auch gern zu Lesungen.

Beim Umbau entdeckten die Eigentümer, dass sie ein besonderes historisches Gemäuer erworben hatten. Die alten Grundmauern des heutigen Kunsthofes gehörten einst zu einer Klosteranlage der Augustinermönche. Die Entstehungszeit reicht bis ins 13. Jahrhundert zurück. Nur durch Zufall (im Vorbeifahren) entdeckten sie und ihr Mann den schönen Hof, der zum Verkauf stand und sanierungsbedürftig war. Ein Aufwand, der sich gelohnt hat. Denn das geschützte Ensemble ist gleichermaßen behaglich wie geräumig, bietet Familie, Galerie und Feriengästen Platz.

Torbögen im Wintergarten und weitere bauliche Details zeugen vom ehrwürdigen Alter des schönen Anwesens, das in neuerer Zeit Wohn- und Gasthaus war. Immer wieder kommen Leute zu Besuch, die sich an den riesigen Tanzsaal erinnern können und freuen, dass der Hof saniert und neu belebt worden ist, erzählt Monika Wessel. Ein Vorteil ist es auf jeden Fall, eine Galerie zu betreiben, die in der Umgebung ihresgleichen sucht. Projekte auf dem Lande sind oftmals nachhaltiger und machen mehr auf sich aufmerksam, weiß Monika Wessel aus Erfahrung, denn in den vergangenen Jahren hat sie sowohl in der Stadt als auch auf dem Land gearbeitet.

Oben: Monika Wessel mit einem Bild einer Künstlerin. Die Kunst- und Kulturwissenschaftlerin veranstaltet Vernissagen, Lesungen und Konzerte. Maler nutzen das ländliche Ambiente gern, um auszustellen, denn durch das Ferienhaus ist reger Publikumsverkehr garantiert.

Unten: Stilvoll gedeckte Tafel im Ferienhaus des Kunsthofes: Die Galeristin, die das ganze Jahr über Feriengäste hat, sorgt nicht nur für Kunst und Kultur in Sobrigau, sondern auch für erlesene Gaumenfreuden.

Linke Seite oben: Direkt unterm Fenster ist mit vielen Kissen und weichen Decken ein behaglicher Platz entstanden. Alle Räume sind mit liebevollen Accessoires dekoriert.

Linke Seite unten: Blick in eine der rustikalen Schlafstuben im Ferienhaus mit Holzbalkendecke und Rundbogenfenstern, in denen immer auch Aquarelle und Zeichnungen der Künstler zu finden sind.

Oben: Heute finden hier Vernissagen statt. Der Wintergarten mit schiefer Wand, imposanten Sandsteinbögen und schöner Holzbalkendecke erzählt von der Vergangenheit des Hauses als Kloster und Gasthaus.

Unten: Im Hausflur ist das Alter des Seitengebäudes noch zu erahnen. Türeinfassungen aus Sandstein und Holzbalken sind erhalten und saniert worden. Wie im ganzen übrigen Haus dominieren rauer Putz und die helle Honigfarbe der Hölzer an Decke, Wand und Boden.

Gastlichkeit und Kreativität

Oben: Der Eingang wird von einer leuchtend roten Fassade umrahmt. Früher traf man sich hier im Dorfgasthof zum Feierabendbier. Danach stand das Haus leer und verfiel. Die neuen Bewohner haben dem Gasthof Leben eingehaucht und das heruntergekommene Gemäuer in einen Kunsthof verwandelt.

Gegenüberliegende Seite oben: Melodie und Bernward Joerges lieben den Platz am Kamin in der Bibliothek des Kunsthofes. Gute Laune ist hier garantiert. Die Eigentümerin, die mit ihrem Mann zuletzt in Berlin lebte, war in vielen Ländern zu Hause und hat ihren ganz besonderen Charme und eine erfrischende Weltoffenheit mit in das Dorf gebracht. In ihrem Refugium auf dem Lande unterweist sie Gäste in der Kunst des Malens.

Kunsthof von Melodie und Bernward Joerges in Bahnitz

Eigentlich wollte Melodie Ebner-Joerges ihre Zelte in Amsterdam aufschlagen. Doch erschwinglichen Wohnraum und vor allem genügend Platz für die Künstlerin gab es dort nirgends. So zog sie weiter nach Berlin und lernte ihren heutigen Mann kennen. Da auch der Sozialwissenschaftler nur in einer kleinen Wohnung lebte, zog das Paar in eine größere unsanierte Wohnung um. Als die modernisiert wurde, veränderte sich das Paar erneut, um wiederum festzustellen: „Es ist einfach zu klein, um zu malen."

Im brandenburgischen Bahnitz fanden die beiden schließlich ihr neues Zuhause. Ein alter Gasthof stand zum Verkauf mit großem Saal, in dem früher die Dorffeste gefeiert wurden. Gerade richtig, um ein Atelier darin einzurichten. In England ist es üblich, in so großen Häusern auch „Bed and Breakfast" anzubieten, erzählt Melodie, die in ihren Kinder- und Jugendjahren in den USA und in England zu Hause war. So entschlossen sich die Eigentümer, im oberen Stockwerk Zimmer auszubauen und eine Malschule auf dem flachen Land zu gründen.

Die Offenheit und Lebendigkeit der Eigentümer, der Charme des Hauses und die vielen Möglichkeiten, die eigene Kreativität zu entdecken, locken seitdem viele Interessenten an. In Bahnitz trifft sich kunstsinniges Publikum aus ganz Deutschland. Wenn sie Sehnsucht nach der Stadt hat, setzt sich die Malerin schon mal ins Auto und fährt. Aber in Bahnitz kann sie eintauchen ins künstlerische Schaffen, ganz sie selbst sein. Monet und seine Gartenlandschaften sind das, was die 48-Jährige besonders inspiriert. Entsprechend farbenfroh kommen ihre Bilder daher. Es kann Jahre dauern bis eines davon fertig gestellt ist. Meist arbeitet sie parallel an mehreren zugleich. Anregungen holt sich die Frau mit dem ansteckenden Lachen aus der umliegenden Natur. Nein, so schön ist es sonst nirgendwo, schwärmt sie. Flaches Land, Sonnenuntergänge, die man bis zum letzten Strahl bewundern kann und weites Land, in dem der Mensch ganz klein wird, sich zurücknimmt und die Natur genießt. Ganz besonders liebt sie Weihnachten. Große Tannenbäume stehen dann im Saal, alles ist festlich geschmückt. Die Künstler und die Leute aus dem Dorf kommen zum Künstlerdinner zusammen. Damit es das ganze Jahr über so romantisch bleibt, lässt Melodie ihre kleinen Glitzerlämpchen einfach im Hof in den Bäumen hängen.

Linke Seite unten: Kunstwerke von Melodie Ebner-Joerges wie dieses, das einem Sujet von Monet nachempfunden ist, hängen auch in den Gästezimmern des Hauses.

Diese Seite unten: Ein weiteres Gästezimmer im Kunsthof Bahnitz, das mit seinen frischen Weiß- und Blautönen und seiner antiken Möblierung dem besonderen Stil des Kunsthofes entspricht.

Links: Im Saal des einstigen Gasthofes hat die Malerin ihr Atelier eingerichtet. Endlich hat sie genügend Platz zum Arbeiten, dürfen angefangene Leinwände und Exponate stehen bleiben. „Ein wunderbarer Luxus. Früher musste ich meine Bilder immer von einem Raum in den nächsten räumen“, erzählt Melodie.

Unten: Der Frühstücksraum war früher der Sanitärtrakt des Hauses. Ein hölzerner Tresen und eine passende Anrichte fügen sich so perfekt in den Raum ein, dass man denkt, sie haben schon immer dagestanden. Auch die Dielung mit den breiten Brettern ist eine Hommage an das ehrwürdige Alter des Hauses.

Gegenüberliegende Seite: Im Flur des Kunsthofes hängen die Erinnerungen der Eigentümer. Die Eltern von Melodie Ebner-Joerges waren bekannte Jazzmusiker und zogen mit ihrer Tochter quer durch die USA. Auch Melodie Ebner-Joerges war als junge Erwachsene lange Zeit eine Reisende, die zeitweise in England, Hongkong und Amsterdam zu Hause war. Umso mehr genießt die Malerin heute die Ruhe und Beschaulichkeit des großen Hauses auf dem Lande.

Oben: Ihr eigenes Refugium hinter dem Gästehaus ist für Fremde tabu. Das Häuschen war früher ein Stall. Entstanden ist darin ein urgemütliches Heim, an dessen Hinterseite man nur die Tür zu öffnen braucht, um direkt im Garten zu stehen. Im oberen Stockwerk hat die Malerin ein zweites kleineres Atelier.

Unten: Die Eberesche auf dem Hof hat für die vielgereiste Frau eine besondere Bedeutung. In England ist sie ein Wunschbaum. Wenn man einen Penny darunterlegt und sich etwas wünscht, geht dies in Erfüllung, heißt es.

Rechte Seite: Die Eigentümer lieben ihren Garten, in dem neben Kräutern, Riesenfarnen und Blumen auch alte Heckenrosen zu finden sind, deren verzweigte Äste mit den Jahren zu einem romantischen Laubengang zusammengewachsen sind.

Der beste Ort, den es gibt

Oben: Direkt vor dem Giebel des Fachwerkhauses auf der gepflasterten Heiste ist eine der Lieblingsecken der Eigentümer des Kunsthofes Zöllnitz entstanden. Hier genießen die Friseurmeisterin, die jeden Tag zur Arbeit in den eigenen Salon nach Chemnitz fährt, und der Maler, der vor Ort sein Atelier hat, die verdiente Freizeit. Jahre hat es gedauert, bis aus dem 1830 erbauten und mit den Jahrzehnten völlig verfallenen Gasthof (oben eine alte Ansicht) ein solch schmucker Kunsthof entstanden ist. Neben unzähligen Arbeitsstunden und einer unkonventionellen Herangehensweise steckt vor allem viel Liebe zum Haus im denkmalgeschützten Projekt.

Mitte: Eine alte Ansichtskarte zeigt das Ensemble in seiner einstigen Funktion als Gasthof.

Unten: Durch den Atelierneubau gegenüber dem Wohnhaus, der auf den einstigen Grundmauern der Scheune errichtet wurde, ist das dreiseitige Ensemble wieder komplett und der Hof sicht- und wettergeschützt.

Kunsthof Zöllnitz der Familie Heine

Die Friseurmeisterin Kerstin und der Maler, Grafiker und Kunstpädagoge Frank Heine haben in der 35-Seelengemeinde in Zöllnitz bei Seelitz ein romantisches Refugium für sich gefunden, das sie nicht mehr missen möchten. Auch wenn sie ihre Wurzeln in Chemnitz haben und Jahre voller Arbeit in dem charmanten Dreiseitenhof stecken: „Es ist der beste Ort, den es für uns gibt", sind sie sicher. Um die eigenen Vorlieben zu Stadt oder Land zu erspüren, hatte das Paar für zwei Jahre parallel eine Wohnung am Chemnitzer Kaßberg gemietet, die es dann aber kaum nutzte. „Es war einfach zu schön hier, um an einem anderen Ort zu bleiben", schildert Frank Heine seine Empfindungen.

Nein, ganz sicher waren sie sich damals noch nicht, als sie das verwunschene Anwesen in landschaftlich reizvoller Umgebung erwarben. Das Mauerwerk war marode, das Dach undicht. Ganze Gebäudeteile mussten weggerissen werden. Das Scheunengebäude wurde vollständig durch einen Neubau ersetzt, in dem heute das zweigeschossige Atelier des Malers untergekommen ist. Doch mit jedem Stein, der erneuert, mit jeder Arbeit, die begonnen wurde, gewannen die Heines an Sicherheit. Heute steckt das gesamte Anwesen, das früher ein alter Gasthof war, voller liebenswerter Ideen, die ein Haus erst zu dem machen, was es einzigartig sein lässt. Durch den Atelierneubau ist ein geschützter Innenhof entstanden, der gleichermaßen zum Treffpunkt für Familie, Freunde und Gäste des Hauses wird. Jeder, der mag, ist hier willkommen, kann in dem reichen Bilderfundus des Malers stöbern, stimmungsvolle Landschaften und Frauenbildnisse auf sich wirken lassen. Das Tun des Malers wird nicht zuletzt durch die hügelige Landschaft an der Mulde bestimmt, deren kräftige Sommer- und sanfte Winterfarben sich in den Motiven widerspiegeln. Heine ist einer, der auch aufhören kann, wenn sich eine ganz bestimmte Stimmung auf der Leinwand zeigt. Diese wolle er nicht zerstören, da beginne er lieber etwas Neues, gibt er preis. Entsprechend frisch und charmant kommt der freie und ungezwungene Duktus des Malers rüber, der hier auch gern Studenten oder Malschüler unterrichtet. Geeignet ist der Raum ebenfalls für Lesungen und kleine Konzerte, bei denen sich Zuhörer aus ganz Sachsen treffen, denn der Freundeskreis des Paares ist groß.

Zum Leben auf dem Lande gehören natürlich auch Geselligkeit und soziale Kontakte. Die zu beleben, ist Intention der Heines, die vor nicht allzu langer Zeit ein großes Dorffest organisierten, zu dem sich Leute trafen, die schon lange nichts mehr miteinander zu tun hatten. Dabei, so Frank Heine, sei es ganz egal, ob man in einer 35- oder 350-Seelengemeinde lebe. Alles, was letztlich gut werden und gedeihen soll, brauche entsprechende Zuwendung.

Oben: Kerstin und Frank Heine lieben ihr Haus in Zöllnitz. Die Lage ist ideal, zu allen drei sächsischen Großstädten braucht man nur jeweils 45 Autominuten. Stadtluft schnuppern sie aber nur ab und an. Viel erholsamer ist es auf dem Lande, sind sie sicher.

Rechts: Zum Hof gehört ein weitläufiger Garten, in dem der Maler und Grafiker eigene Arbeiten aber auch Skulpturen anderer Künstler ausstellt. Bei schönem Wetter finden die Kurse auf der Wiese vor dem Haus statt.

Unten: Tradition und Moderne verbinden sich harmonisch im Atelierneubau, den der Eigentümer selbst konzipiert hat und der nach einer alten Vorlage errichtet worden ist. Zum Garten hinaus ist das Fachwerk offen und verglast (linke Bildseite), so dass Licht, Luft und die bezaubernde ländliche Umgebung in das Haus gelangen und per sé zu einem natürlichen Kunstwerk avancieren.

Gegenüberliegende Seite oben: An der Treppe aus Rochlitzer Porphyr, die in die oberen Räume führt und deren Stufen mit den Jahrhunderten ausgetreten sind, kann man das ehrwürdige Alter des Hofes erahnen. Mehrere Generationen lebten vor Ort. Jahrzehnte früher wurde hier im Gasthof Zöllnitz das Feierabendbier ausgeschenkt.

Gegenüberliegende Seite unten: Direkt gegenüber liegt das Wohnhaus der Eigentümer, dessen Räume ein behagliches Pendant zum größeren Atelierraum darstellen. Alles Alte ist hier behutsam saniert und nach Möglichkeit so belassen worden wie es war. Hölzerne Fensterläden schützen die Fenster bei Wind und Wetter oder an heißen Tagen.

Stadthäuser und Villen

Zweitwohnsitz im Grünen

Oben: Von Büschen und Bäumen dicht bewachsen und gleichermaßen eingehüllt, scheint das Holzhaus der Familie Seiffert in Klaffenbach mit der Natur zu verschmelzen. Die Chemnitzer, die in der eigenen Firma Holzhäuser konzipieren, haben sich mitten in der Natur einen idyllischen Zweitwohnsitz geschaffen und führen damit anschaulich vor, welches Lebensgefühl sich einstellt, wenn man umgeben von Holz, direkt am Wald und im Garten lebt.

Holzhaus der Familie Seiffert in Chemnitz

Sabine und Gerd Seiffert aus Chemnitz haben ihren Lebenstraum wahr gemacht. Sie haben da ihren Zweitwohn- und Alterssitz errichtet, wo es Wald gibt, das Blattwerk der hohen Bäume rauscht, Vögel zwitschern und buntes Herbstlaub auf Wege und Grundstück fällt. Im Garten blühen jetzt noch letzte Rosen. Im Holzhaus nebenan ist eine schöne große Kamelie bereits zum Überwintern eingelagert. Eine zweite steht noch im Freiland.

Leben ist jetzt und nicht irgendwann, so das Credo des Pensionärs und Geschäftsmannes. Träume und Ziele umzusetzen, das ist für den 65-Jährigen eine Selbstverständlichkeit. Als Sportfunktionär unterstützte der Chemnitzer zu DDR-Zeiten potenzielle Talente bei ihrem Start in eine erfolgreiche Karriere. Prominente wie Jutta Müller und Katharina Witt gehören zum Bekanntenkreis der Chemnitzer Familie. Als die Wende kam, waren die Seifferts schon knappe 50 Jahre alt. Ein Lebensabschnitt, in dem andere „eine ruhige Kugel schieben". Gerd Seiffert aber legte noch einmal los, gründete die „Chemnitzer Gartenwelt"und widmete sich fortan dem Holzhausbau. Dass der Ingenieur-Pädagoge nicht nur tüftelte und baute, sondern heute auch selbst in einem seiner Holzhäuser lebt, das lässt sein Firmenkonzept besonders authentisch erscheinen. Es geht darum, sich im reifen Alter etwas Gutes zu gönnen, naturverbunden zu leben und das Ganze auch noch wirtschaftlich zu gestalten. Zusammen mit Ehefrau Sabine genießt der Chemnitzer das ganze Jahr über ein Leben wie im Urlaub. Es ist ein Wohnen, das ein wenig Disziplin erfordert. Möbliert und eingerichtet wird sparsam. Dafür gibt es ein unbeschreibliches Gefühl von Freiheit.

Seifferts Holzhäuser stehen überall in Sachsen. Sie fügen sich meist nahtlos ein, werden anders als viele andere Neubauten nicht störend wahrgenommen. Ob Wohn- und Geschäftshaus, Gartenrefugium oder Seitengebäude, die Möglichkeiten sind vielfältig und lassen Spielraum für jede Art von Lebensgefühl zu. Insbesondere bauen immer mehr Pensionäre ihr Traumdomizil mitten im Grünen. Holz ist wertbeständig, äußerst angenehm, besticht mit hervorragenden Dämmeigenschaften und seiner wunderschönen Honigfarbe, die mit den Jahren noch intensiver wird. Fast immer ist die Terrasse nach Süden ausgerichtet, wie bei den Seifferts, so dass Naturliebhaber auch in der kalten Jahreszeit jeden Sonnenstrahl genießen können.

Oben: So oft es geht, genießen die Eigentümer die Sonne auf der Terrasse. Die ist durch einen großzügigen Überstand geschützt und nach Süden ausgerichtet worden, so dass auch in der kalten Jahreszeit ein mediterranes Lebensgefühl aufkommt.

Unten: Das Arbeitszimmer des Holzhausbauers liegt im oberen Stockwerk und bietet einen wunderschönen Blick über das angrenzende Erzgebirge. Beim Umzug musste das Paar auf das eine oder andere Möbelstück verzichten. Das Haus ist sparsam eingerichtet, damit genügend Platz bleibt. Belohnt werden die Eigentümer mit einem Urlaubsgefühl, welches hier inmitten von Holz und Natur das ganze Jahr über anhält.

Links: Blick in die offene Küche mit Essplatz. Holzmöbel fügen sich harmonisch in das honigfarbene Ambiente ein. Eine antike Eckkommode passt gut dazu. Der geflieste Fußboden ist schön und praktisch zugleich.

Oben: Küche und Stube sind übergangslos vereint. Ein Kamin erwärmt Ober- und Untergeschoss des offenen Wohnbereiches. Im Winter werden die Gartenmöbel von draußen einfach in die Stube gerückt. Besonderer Vorteil: Sobald die Sonne sich zeigt, können die leichten und beweglichen Sitzmöbel auch wieder mühelos nach draußen gestellt werden.

Rechts: Die sonnige und geschützte Lage lässt die Gartenblumen auch im Oktober noch voll erblühen. Von der Terrasse genießen die Eigentümer den Ausblick auf den Garten und das idyllische Umland.

Mediterranes Flair im Elbsandsteingebirge

Oben und unten rechts: Die Eigentümer der Ökovilla Weißig haben mit durchdachten Umbauarbeiten und einer prächtigen Gartenbepflanzung eine wunderbare Atmosphäre im ehemaligen Ferienheim der Technischen Universität Dresden geschaffen. Von der mit Wein und Blumen bewachsenen Terrasse, deren Dach von Sandsteinsäulen getragen wird, hat man einen traumhaften Ausblick über das sächsische Elbsandsteingebirge. Nur wenige Kilometer entfernt im Elbtal liegt der bekannte Ausflugsort Rathen. Beliebte Ziele sind die Felsenbühne, die Bastei und die vielfältigen Möglichkeiten zum Wandern und Klettern.

Gegenüberliegende Seite oben: Die um 1930 erbaute Villa ist ein Niedrigenergiehaus und hat einen zertifizierten CO^2-Fußabdruck. Zudem bietet das Haus heute wieder einen zauberhaften Anblick. Unzählige Arbeitsstunden waren nötig, um die einstige Pracht auf einem neuen modernen Niveau wieder herzustellen. Die Eigentümer haben das Anwesen komplett saniert und diverse An- und Umbauten vorgenommen.

Ökovilla der Familie Seifert in Weißig

Wer von der überdachten Säulenterrasse der Ökovilla Weißig durch ein Meer von Rosen auf bewaldete Bergkuppen schaut, mag sich vorkommen wie in der Toskana. Doch die prachtvolle, mit Blumen und Wein berankte Ökovilla liegt in der Sächsischen Schweiz nahe dem Ausflugsort Rathen. Gleich hinterm Haus beginnt der Wald. Vor der Terrasse breiten sich Felder aus. Im Sommer hört man nur die Bienen summen, Straßengeräusche gibt es nicht. Im Garten wachsen Stauden, Kräuter und Sträucher. Auf der Koppel neben dem Haus weiden die Schafe. Nur Dackeldame Bonny bellt bei der Ankunft von Gästen.

Die Eigentümer beherbergen Feriengäste. Eigentlich wollten Karin und Joachim Seifert keine Villa erwerben. Doch wie so oft kam alles anders, als geplant. Der Ingenieur hatte beruflich im Raum Dresden zu tun und verliebte sich bei einem Besuch des Elbsandsteingebirges in die „schönste Gegend von Sachsen". Jahrelang suchte das Paar vor Ort dann nach einem passenden Haus. Gemütlich sollte es sein und trotzdem genügend Platz für Familie und Freunde haben. Durch Zufall erfuhren sie vom früheren Ferienheim der Technischen Universität Dresden. Eine Villa, die in einem desolaten Zustand war. Einst hatte die Baronin von Biedermann sie bauen lassen, weil sie die damals noch freie Aussicht auf die berühmte Bastei liebte. Später hatte die Hochschule das große Haus übernommen. Professoren verbrachten hier die Ferien mit ihren Familien. Nach der Wende stand das einst so prachtvolle Anwesen leer. Wasser drang durch Dach und Wände. Das Interieur wurde geplündert.

Bei einer ersten Besichtigung stand für die Seiferts trotzdem fest: „Das ist es." Unweit von der Arbeitsstelle sollte das neue Zuhause sein und genügend Potenzial für eigene Ambitionen bieten. Dass diese vor allen Dingen mit natürlicher Lebensweise zu tun haben, ist nicht zuletzt auch der Lebensart in der alten Heimat geschuldet, wo die Familie einen großen Hof bewohnte und an eine ökologisch durchdachte Lebensweise gewöhnt war. So hat auch die Ökovilla einen zertifizierten CO^2-Fußabdruck. Bauliche Veränderungen im und am Haus wurden mit natürlichen Stoffen vorgenommen. Beheizt wird das Haus mit Erdwärme. Heizschlangen liegen in den mit Lehm verputzten Wänden und ermöglichen eine effiziente und angenehme Temperierung. Durch die Umbauten ist die Villa ein Niedrigenergiehaus und zudem ein liebenswertes Refugium für Urlauber geworden.

Linke Seite oben links: Großzügig und einladend ist der Eingangsbereich der Ökovilla Weißig. Ecken und Kanten der Räume wurden rund verputzt, die Wandfarben sorgfältig ausgewählt, so dass es im Inneren auch bei trübem Wetter hell und freundlich ist.

Linke Seite unten: Blick in die Küche, in deren Mitte eine mit Elbsandsteinen eingefasste Kochinsel steht. Die Raumanordnung bietet die Voraussetzung für geselliges Beisammensein und gemeinsames Kochen.

Linke Seite oben rechts und diese Seite oben rechts: Die Ferienwohnungen sind einladend und großzügig wie der Rest des Hauses. Gäste schätzen das angenehme Raumklima und die bezaubernde Aussicht.

Diese Seite unten: Von der Bank vor der Villa gibt es einen romantischen Panoramablick auf das Elbsandsteingebirge.

Aus Liebe zum traditionellen Baustil

Oben und unten: Kaum zu glauben, dass das von Schmeling Fachwerk neu erbaute Haus erst wenige Jahre alt ist. Es gehört der Familie Rosendahl und liegt im bewaldeten Stadtteil Wilhelmshorst. Als „grüner Gürtel" der Hauptstadt gehört der Stadtteil zu den absolut bevorzugten Wohngegenden. Obwohl man sich aufs Land versetzt glaubt, liegt die pulsierende Großstadt nur wenige Kilometer entfernt. Eine professionelle Bepflanzung sorgt zudem dafür, dass sich schon nach wenigen Jahren romantisch bewachsene Winkel und Ecken finden.

Schmeling-Fachwerkhaus der Familie Rosendahl in Wilhelmshorst

In einem schmucken Fachwerkhaus hat die Familie Rosendahl ihr neues Zuhause gefunden. Der Klinkerbau steht im Berliner Stadtteil Wilhelmshorst und mutet auf den ersten Blick fast so an, als ob er schon immer da gestanden hätte. Doch das Haus ist auf Wunsch der Eigentümer neu erbaut worden. Lange hat das naturverbundene Paar gesucht, bis es für die eigenen Wohnwünsche den passenden Standort und die optimale Bauweise auserkoren hatte. Eigentlich sollte es ein charmantes altes Anwesen werden. Eine Frau im Stadtteil Wilhelmshorst bot ein Haus aus den zwanziger Jahren zum Verkauf. Doch als die Krankenschwester und der Universitätsprofessor zusagen wollten, überlegte es sich die Hauseigentümerin wieder anders. „Wir waren schon ein wenig traurig", erinnern sich die Eigentümer. Doch sie suchten weiter und fanden schließlich das ultimative Grundstück am Wald und die Baufirma, die darauf das passende Heim errichten würde.

An die fünfzig Bäume mussten gefällt werden, bevor es losgehen konnte. Mit der Firma Schmeling Fachwerk fanden die Rosendahls letztlich den Partner, um ihr Traumprojekt in die Tat umzusetzen. Aus natürlichen Baustoffen sollte das Haus erbaut werden und sich möglichst harmonisch in die Umgebung einpassen. Der Fachwerkbau, dessen Zwischenräume mit Klinkern ausgemauert wurden, entsprach genau den Vorstellungen der Bauherren. Auf deren Wunsch wurde das Haus sowohl mit norddeutschen als auch mit amerikanischen Stilelementen konzipiert. Während es an der Vorderseite an ein Landhaus aus Niedersachsen erinnert, lässt die überdachte Veranda an der Hinterfront unwillkürlich an ein Haus im Süden der USA denken. Die bewaldete Umgebung von Wilhelmshorst passt perfekt zum traditionellen Baustil.

Schritt für Schritt verfolgten die Berliner den Hausbau in Holzständerbauweise. Entstanden ist ein naturverbundenes Refugium, in das sich die beiden Pensionäre heute gern zurückziehen. Nur wenige Kilometer sind es bis in die Stadt. Doch wenn sie auf der überdachten Veranda hinter dem Haus sitzen und die Natur beobachten, rückt der Stadttrubel in weite Ferne. Eine Sitzecke ist gegenüber auf einer Insel im Wasser entstanden. Den Teich und den umliegenden Garten hat eine Garten- und Landschaftsarchitektin aus Berlin angelegt. Ca. 5000 Arten wurden für die großräumige Gartenanlage angepflanzt.

Oben und folgende Seite: Die offene und überdachte Veranda an der Hinterseite des Hauses schützt vor Wind und Wetter, so dass man den Garten mit Teich von hier aus auch an kühlen Tagen erleben kann.

Rechts: Blick von der Terrasse im ersten Stock auf den großen Garten mit Teich und Sitzfläche hinterm Haus.

Folgende Seiten: Eine Hommage an die breiten Tore früherer Landhäuser ist die große Tür, die einen Blick nach draußen in den Vorgarten freigibt. Die schöne Truhenbank ist ein Stück, das die Rosendahls bei einem Antikhändler gefunden haben. Darunter: Blick in die Essecke mit Aussicht auf den Garten.

Wenn weniger mehr ist

Generationenprojekt der Bauprofis in Beucha

Mit einem neuen Projekt im Leipziger Land setzt der Bauingenieur Maik Schneeweiß seine Ambitionen vom modernen generationenübergreifenden Wohnen um. In Beucha entsteht eine von ihm konzipierte Siedlung, in der bestehende Bausubstanz mit neuen Ideen zu einem individuellen Ensemble verknüpft wird. Eines der bereits bewohnten Häuser öffnet der kreative Brandiser für erste Impressionen. Modern und puristisch ist es ausgestattet. Glatte weiße Flächen, Metall und Stein verbinden sich zu einer klaren gestalterischen Aussage. Jung und modern ist auch die Familie, die hier eingezogen ist. Schnörkel und Verzierungen haben in einem solchen Haus nichts zu suchen. Stattdessen besticht das Ambiente durch intelligente platzsparende Raumlösungen. Schränke verschwinden in unsichtbaren Nischen. Fernseher und Kamin werden wie Gemälde schon vorher in den großzügigen Raum integriert. Der große Wohn- und Essbereich öffnet sich nach oben in eine Kuppel mit Oberlichtfenster und Galerie.

Wohnen ist wie alles andere auch dem sich wandelnden Lebensgefühl unterworfen, erklärt Maik Schneeweiß seine gestalterische Philosophie. Entsprechend flexibel und leicht sollten Häuser auch konzipiert werden. Sehen sich die Siedlungs-Häuser mit Farbkonzept, Säulen und Überdach im Eingangsbereich ähnlich, so wird spätestens beim Eintreten ins Innere die wandelbare Auslegung des Wohngefühls deutlich.

Als Mittelpunkt der neuen Siedlungsgemeinschaft wird gleich nebenan ein altes Handwerksgebäude um- und ausgebaut. Früher gab es hier eine alte Böttgerwerkstatt. Demnächst wird darin eine Gaststätte eröffnen. Denn generationenübergreifendes Wohnen und Leben bedeutet natürlich auch, sich an einem dafür geeigneten Ort treffen und austauschen zu können. Viele der neuen Eigentümer sind jung. Sich mit Wohneigentum auf einen bestimmten Ort festzulegen, scheint demnach kein Problem zu sein, so die Erfahrung des Bauexperten. Es sei eine besondere Lebensphilosophie, sich aktuell für ein optimales Wohngefühl zu entscheiden. Für ein ganzes Leben vorauszuplanen, das sei in der heutigen Zeit ohnehin nicht möglich, ist er sicher. Entsprechend flexibel wird die Siedlung auch gestaltet.

Linke Seite: Großzügige 200 Quadratmeter Wohnfläche hat eines der neuen Siedlungshäuser in Beucha zu bieten. Der große Wohn-Essbereich öffnet sich nach oben in eine Galerie in der ersten Etage. Nach außen haben die Bewohner Licht und Luft durch raumhohe Fenster, die wahlweise mit Lamellen abgedunkelt werden können.

Oben: Der Wohn- und Essbereich öffnet sich in die moderne und mit allen Finessen ausgestattete Küche. Accessoires wie Kristalle schaffen Lichtreflexe in den hellen Wohnbereichen und vermitteln ein wundervolles Gefühl von Weite und Freiheit.

Unten: Blick vom Wohn- und Essbereich in die Galerie. Eine Designerlampe setzt die schöne offene Raumkuppel in Szene. Indirektes Licht wird hinter Wänden und Wandschränken geschickt für die individuelle Gestaltung eingesetzt.

Links: Glas in den Außenwänden lässt schon an Frühlingstagen sommerliche Temperaturen in den Räumen entstehen, die wahlweise auch mit elektrischen Lamellen abgedunkelt werden können. Das energieeffiziente Wohnkonzept wird außerdem mit gesunden Baustoffen unterstützt.

Rechts: Die kontrastierende Treppe unterstützt das moderne Wohngefühl und bildet eine zusätzliche Sichtachse ins obere Stockwerk.

Unten: Das Raumkonzept mit glatten reflektierenden Flächen in Weiß, Schwarz, Stein und Metall wird auch bei der Wahl der Möbel und übrigen Einrichtungsgegenstände stringent durchgehalten.

Vom Geheimnis der Kunst

Sammler-Refugium in Werdau

Hans Hinze und Matthias Scheibner sammeln Kunst. Auf diese Art ist jede Nische und jeder Winkel ihres Hauses in Werdau mit den Jahren zur Ausstellungsfläche für Bilder, Skulpturen und Exponate geworden. Dabei geht es den Liebhabern alles Schönen und Interessanten keineswegs darum, nur schnöde Werte anzuhäufen und nebeneinander auszustellen. Vielmehr ist es das Geheimnis der Bilder und Figuren, das die beiden Unternehmer immer wieder reizt, sich auf bestimmte Werke einzulassen, sie zu erwerben und ihnen im eigenen Zuhause den perfekten Platz einzuräumen.

Jedes Bild, jede Figur, geben sie preis, sollte dabei etwas ganz Besonderes haben, etwas, das sie stets in einem neuen Licht erscheinen lässt. Schon am Eingang fordern hölzerne Skulpturen auf, sich auf eine Reise durchs Hausinnere zu begeben. Sichtachsen im Garten führen das Auge des Betrachters scheinbar unabsichtlich hinein in mystische Ecken und Winkel, die nachts von Strahlern erhellt und damit zu ganz eigenen geheimnisvollen Welten avancieren. Im Hausflur, dessen geschwungene Treppe ins obere Stockwerk und damit zu weiteren Kunstwerken führt, scheint es kaum noch einen freien Platz zu geben. Nein, gerade Linien und Ordnungen wie in einer Galerie sind hier nicht mehr möglich. Jedes Stück ist mit der Zeit zum anderen gekommen und hat sich eingefügt, als ob es schon immer da gewesen wäre. Naive Kunst aus der Schweiz und Tierbilder haben im Sammler-Refugium genauso ihre Berechtigung wie Grafiken und Malereien einheimischer Künstler. Fitnessraum, Stube, ja sogar das Bad bieten Projektionsflächen für zwei- und dreidimensionale Exponate und regen den Betrachter zum Schauen an, der sich dadurch immer wieder aufs Neue überrascht wähnt. Tausende Ecken und Nischen scheint es zu geben, dabei bietet das neu gebaute Haus eine durchaus überschaubare Größe. Ein Museum ist es trotzdem nicht geworden, alles ist praktisch und bewohnbar und darf sich natürlich den Anforderungen anpassen. Auch „abgespeckt" wird mitunter, wenn zu viele Möbel in den Räumen stehen. Nur von ihren erworbenen Kunstwerken würden sich die Eigentümer niemals mehr trennen.

Linke Seite: Eingang zum Sammlerhaus mit einer vom Laub romantisch eingewachsenen Skulptur.

Diese Seite oben: Hans Hinze und Matthias Scheibner in der Küche, die mit besonderen Lieblingsbildern einen ganz eigenen künstlerischen Charakter bekommt.

Diese Seite unten: Wie eine kleine Galerie mutet das Entree des Hauses in Werdau an, das bis in den letzten Winkel mit Bildern bestückt ist, welche die Sammler in den Jahren erworben haben.

Folgende Seiten: Garten und Räume im Haus haben mit ausgewählten Skulpturen und Bildern jeweils eine eigene Stimmung und eine besondere Aussage bekommen.

Familie, Freunde, Musik und Bücher

Oben und rechts: Blick in das Herz des Hauses der Familie Kunze in Döbeln. Wer zu Besuch kommt, taucht gleichsam mit in den musikalischen Haushalt ein. Wohnen, Arbeiten und Musik machen, das geht ineinander über. Johannes Kunze (oben) kann in der Stube am Schlagzeug üben. Klavier wird hier auch gespielt. Gleich nebenan steht der Flügel. Wer Fernsehen mag, hat direkt darüber auf der Galerie Gelegenheit, sich zurückzuziehen. Die Wohnräume bestechen nicht nur durch ihre bauliche Individualität, sondern auch durch viel helles Holz, das zu dem der Ständer- und Deckenbalken einen wunderschönen Kontrast setzt. Nicht nur schön, sondern auch energietechnisch effizient sollte ein Haus sein, deshalb ist nicht die gesamte Etage geöffnet worden, sind einzelne Räume wie die Küche abgetrennt geblieben, um sie wahlweise auch separat heizen und nutzen zu können.

Wohnaus der Familie Kunze in Döbeln

Spontan hatten sich Susan und Hagen Kunze für ihr Haus in Döbeln entschieden. Abgerissen werden sollte es eigentlich. Die Flutkatastrophe hatte dem alten Gemäuer arg zugesetzt und eine grundlegende Sanierung schien vorherigen Interessenten zu aufwendig. Trotzdem stand nach nur einer Woche für das Paar fest: Das ist es. Sie erwarben das Anwesen, obwohl es heruntergekommen und dunkel war und sich außer ihnen selbst kaum einer vorstellen konnte, was daraus entstehen wird.

Aber Hagen Kunze ließ sich nicht beirren. Mit einem Architekten kreierte er schrittweise seinen Traum vom Wohnen und Leben auf drei Etagen. „Hinstellen, Augen schließen und sich vorstellen, was später einmal wohin kommt", beschreibt er die Anfangsphase. Neue Ideen wurden auch noch während der Bauarbeiten geboren. Das Ergebnis überzeugte auch jene, die am Anfang skeptisch waren. Dort, wo früher der dunkle Dachboden war, öffnet sich das Haus heute in zwei helle Etagen mit Galerie, Fernseh- und Leseecke. Bauliche Besonderheit: Eine Brücke verbindet zwei Seiten der Galerie. Das Haus, das 250 Jahre alt ist, wurde nicht nur bis in die Spitze geöffnet, es hat zudem einen Durchbruch zu einer Terrasse auf einem Seitengebäude bekommen. Von ihr kann man die Mulde, den Turm der Kirche und das Klostergut sehen. Entstanden ist ein helles, geräumiges Ambiente, das der nunmehr fünfköpfigen Familie genügend Raum zum Leben, Arbeiten und Ausspannen bietet. Von der Musikleidenschaft der Eigentümer erzählt die riesige CD-Wand im offenen Wohnbereich. Auch Flügel und Schlagzeug haben natürlich Einzug in die Stube des Musikwissenschaftlers gehalten, der seine Liebe zur Musik an seine Kinder weitergibt. Hagen Kunze lenkt als Chefdramaturg nicht nur die künstlerischen Geschicke am Döbelner Theater, er schreibt auch Bücher über das Leben seiner Lieblingskomponisten. Der ansehnliche Bücherfundus des Eigentümers hat in einem Bibliothekszimmer Platz gefunden, in den sich auch Tochter Antonia gern zum Schmökern zurückzieht. Die Entscheidung, aus der Großstadt ins beschauliche Döbeln zu ziehen, haben die Leipziger nicht bereut. Zum einen ist die Umgebung für junge Familien wie geschaffen, denn die Infrastruktur stimmt und es leben noch mehr junge Leute in unmittelbarer Nachbarschaft. Zum anderen liegt auch eine der Arbeitsstellen des engagierten Chefdramaturgen gleich um die Ecke.

Oben: Von der Terrasse des Wohnhauses kann man Döbelns Stadtkern mit Kirche, Klostergut und Fluss sehen. Die Freifläche war eigentlich nicht geplant. Der Eigentümer Hagen Kunze hatte die Idee für den Durchbruch zum Dach des Seitengebäudes.

Unten: Vor 250 Jahren erbaut, zählt das Anwesen der Familie Kunze in der Döbelner Klosterstraße mit zu den ältesten Häusern der Stadt und hat entsprechend viel erlebt. Von weitem fällt es durch die rote Farbe auf. Mit seiner Fassadenmalerei erzählt es von der Leidenschaft seiner Bewohner für die Musik.

Links: Blick von der Galerie in der Dachspitze ins Hausinnere. Die Idee, das alte Haus bis ganz hinauf in den Spitzboden zu öffnen, entstand schon bei der Besichtigung. Die alten Holzbalken, die jetzt zum Blickfang werden, mussten in der Bauphase stabilisiert werden. „Ich konnte es mir nicht vorstellen und hatte Angst, es wird zu eng und zu dunkel", erinnert sich Susan Kunze. Nach der baulichen Umsetzung war sie schnell vom Gegenteil überzeugt. Selbst der Architekt war überrascht vom Ergebnis. Zehn Monate hat es gedauert, bis aus dem verwinkelten Wohnhaus ein modernes Refugium für die Familie entstand. Viel Eigenleistung steckt im Bau, bei dem auch Freunde und Bekannte mitgeholfen haben.

Entstanden ist ein Raum, der von der Galerie aus ein wenig an eine spanische Finca erinnert. Hier ist auch an kalten und regnerischen Tagen genügend Licht und Luft, um sich wohl zu fühlen und aufzutanken. Für behagliche Wärme ist ein Holzofen an den Schornstein angeschlossen worden. Eine Raumspartreppe sorgt dafür, dass im offenen Wohnraum nicht zu viel Platz verschenkt wird.

Links: Zu jedem gut gehenden Haushalt gehört auch eine Bibliothek. Hagen Kunze sitzt selbst gern im Bücherzimmer und auch die Kinder nutzen den Raum, um sich zurückzuziehen. Zudem ist die Bibliothek ein ganz besonderer Ort, weil sie gleichsam auch die Geburtsstube der jüngsten Tochter Felicitas ist, die als drittes Kind der Kunzes genau hier das Licht der Welt erblickte.

Oben: Kaum jemand außer dem Eigentümer selbst hatte sich vor dem Umbau vorstellen können, dass dort, wo früher winzige Dachkammern abgetrennt waren, noch zusätzlicher Wohnraum möglich sei. Das Ergebnis überzeugt allerdings: Von einer Galerieseite gelangt man heute über eine kleine Brücke auf die andere. Eine helle Sitzgruppe steht in der behaglichen Fernsehecke. Zwei kleine Fenster in der Giebelseite erinnern an den Spitzboden von einst und lassen noch das Alter des Hauses erahnen, das vor 250 Jahren erbaut wurde. Zusätzliches Licht gelangt durch zwei neu eingebaute Dachfenster in den Raum.

Unten: Blick in die Küche mit altem Regulator. Die Fenster zeigen auf die Klosterstraße, von der man in wenigen Minuten direkt ins Stadtzentrum gelangt.

Neuer Start in der Lebensmitte

Oben: Das Haus in Fischendorf bei Leisnig war für Familie Kunz mit einem völlig neuen Start verbunden. Die Leisnigerin und der Leipziger haben in der Lebensmitte noch einmal geheiratet und sich ein neues Refugium geschaffen. Ihre Villa haben die Eheleute nach eigenen Vorstellungen von einem Architekten konzipieren lassen. Eigentlich wollten sie nach Leipzig ziehen, aber dann hat das Paar ganz bewusst dem Leben in Leisnig den Vorzug gegeben.

Rechts: Zum Haus gehört ein Garten, den die Eigentümer mit Hingabe pflegen. Gegenüberliegende Seite oben: Der Eingangsbereich mit Galerie ist offen und einladend gestaltet. Rechte Seite unten: Mit Erker, Wintergarten und Balkon hat das Haus zu jeder Tageszeit schöne sonnige Ecken zu bieten.

Haus der Familie Kunz in Leisnig

Wer Andrea Kunz in ihrem neuen Haus am Görnitzweg in Fischendorf bei Leisnig besucht, kann sich kaum vorstellen, dass die Frau mit dem strahlenden Lächeln um ihr Glück kämpfen musste. Wer sie erlebt, mag denken, dass ihr alles zufällt. Aber Erfolg und Ausstrahlung der Leisnigerin haben vor allem mit einer positiven Lebenseinstellung zu tun. „Dem Glück muss man die Tür öffnen, damit es hereinkommen kann", ist die Fünfzigjährige sicher.

In ihrer Lebensmitte hat die zierliche Frau mutig Privates und Beruf „abgeklopft" und Bestehendes völlig neu überdacht. Nicht immer passen die Pläne von einst in ein ganzes Leben. So heiratete die Therapeutin ein zweites Mal und schaffte sich in ihrer Heimatstadt ein neues Refugium. Mit ihrem Mann, der als Geschäftsführer in einer Leipziger Firma arbeitet, hätte Andrea Kunz auch in die Großstadt ziehen können, aber sie liebt das beschauliche Ambiente, in dem sie aufgewachsen und in die Schule gegangen ist und in dem Familie und Freunde leben. Zum privaten Glück kam dann noch der berufliche Wechsel hinzu. Jahrzehnte lang war die Fachkrankenschwester für Anästhesie im anstrengenden Krankenhausbetrieb tätig. Dann orientierte sie sich auch beruflich neu und ließ sich zur Massagetherapeutin und Ernährungsberaterin ausbilden. Ein Schritt, den sie nicht bereut hat.

Besonders wichtig war es, für den neuen Lebensabschnitt auch den passenden Rahmen zu schaffen. Zusammen mit Ehemann Christian entschloss sich Andrea Kunz dazu, noch einmal zu bauen. „Von der Stange" sollte das neue Haus nicht sein. Zusammen mit einem Leipziger Architektenbüro konzipierte das Paar ein offenes modernes Refugium nach eigenen Vorstellungen und ließ sich dabei durch die wunderschöne Lage an Fluss und Fels inspirieren. Von Balkon und Terrasse in Fischendorf bei Leisnig haben die Eigentümer einen bezaubernden Blick auf die Burg Mildenstein und die Leisniger Altstadt. Vom offenen Eingangsbereich mit Galerie (oben) gelangt man in alle Räume des großen Hauses. Esszimmer und Wintergarten öffnen sich mit großen Fenstern in die Natur. Zum Grundstück gehört ein großer Garten, den Andrea und Christian Kunz mit Hingabe hegen und pflegen (linke Seite).

Schlösser

Von der Seele der Häuser

Gohliser Villa und Püchauer Schloss der Familie Goldhahn

Wohnen und Leben hängen eng zusammen. Auch Immobilien haben eine Seele, da ist die Immobilienkauffrau Benita E. Goldhahn sicher. Ein Besuch in ihrer Leipziger Villa, unmittelbar neben dem Gohliser Schlösschen, gerät unweigerlich zum Rausch der Sinne. Abendsonnenlicht spiegelt sich im Facettenschliff verglaster Flügeltüren. Klassische Musik erfüllt die großen Räume. Rosen und Magnolien leuchten in den Nischen und auf den Tischen. Kunstwerke aus aller Welt lassen den Gang durch die schöne alte Villa per sé zu einer Entdeckungsreise werden und zeugen von der ungebrochenen Sammel- und Reiseleidenschaft der Eigentümerin.

Am liebsten arbeitet Benita Goldhahn im Salon ihrer Leipziger Jugendstilvilla. Der große Raum ist gleichermaßen das Herz des Hauses. Er zeugt vom Geschick der Eigentümerin, verschiedene Stile zu vereinen und damit eine individuelle Behaglichkeit zu schaffen. Den passenden Rahmen dazu liefert das eklektizistische Interieur, welches das Ehepaar in den achtziger Jahren in mühevoller Kleinarbeit detailgetreu restauriert hat. Stapel von Büchern und Papieren erzählen von einer vielseitig interessierten Frau, die gern kommuniziert und schreibt. Mit ihrer Familie bewohnt die umtriebige Geschäftsfrau nicht nur die Jugendstilvilla im Stadtteil Gohlis, sondern auch das imposante Schloss Püchau im Leipziger Land. „Wir erholen uns bei der Abwechslung der Tätigkeiten", beschreibt sie den Spagat zwischen Villa und Schloss. „Es bedarf des offenen Geistes, um wertgebend zu schöpfen, sinnlich zu gestalten und die Schönheit des Alltags mit dem Netz des Bewusstseins einzufangen", resümiert die Schlossherrin über ihr volles Tagespensum.

Sie mit ihrem Tun auf ein Metier festzulegen, würde wohl auch jenen schwerfallen, die mit ihr befreundet sind. Zu vielfältig sind die Interessen der Leipzigerin. Sie handelt und makelt mit Immobilien, schreibt, fertigt Kalligrafien, dichtet, gärtnert und hat Mathematik studiert. Und sie beseelt die Hallen des tausend Jahre alten Schlosses Püchau mit Veranstaltungen und Führungen. Für diese Aufgabe stöbert die Eigentümerin gern in Archiven und Bibliotheken zur deutschen und europäischen Geschichte oder in den Werken bekannter Dichter und Denker. „Die Menschen, die ein Schloss aufsuchen, erwarten etwas Schönes, Inspirierendes", sinniert sie. Es ist ihr Anliegen, dem zu entsprechen. „Vom Denkmalvirus infiziert sind mir Natur, Geschichte und Architektur zur schöpferischen Erfahrung geworden, ganz im Herderschen Sinne", philosophiert die belesene Frau. Der Gipfel der Weisheit ist es, ernsthafte Lebensziele spielerisch zu verfolgen", schwärmt sie vom griechischen Philosophen Plutarch.

Linke Seite: Blick in die große Eingangshalle der Goldhahnschen Jugendstilvilla, die wie ein Dom wirkt.

Oben: Wie ein Gemälde mutet der Gartensalon neben dem Brunnenhof an, der in den angrenzenden kleinen Park führt, den die naturverbundene Eigentümerin am frühen Morgen gern barfuss betritt. Die Pflanzen im Villen- und Schlosspark zieht sie vorzugsweise selbst aus Stecklingen heran.

Rechts: Benita E. Goldhahn ist eine Sammlerin alter Stücke, die sie auch in Benutzung hat. Leidenschaftlich gern trägt sie Aphorismen, Gedichte und Zitate in ledernen alten Kalendern zusammen.

Diese Seite oben und unten: Benita Goldhahn am Delphinbrunnen ihres Schlosses veranschaulicht: „Mit Fleiß, Vernunft und Demut gegenüber der Komplexität dessen, was Leben ausmacht, gelingt das Erhalten und Beseelen des mehrere tausend Jahre alten, geschichtsträchtigen Bauwerkes". Die Schlossherrin veranstaltet Führungen, die sie selbst moderiert, und stellt die Säle von Püchau für Familienfeiern und Hochzeiten zur Verfügung (folgende Seiten). Besonders gern lädt Benita Goldhahn zu literarischen Salons, bei denen berühmte Dichter und Denker rezitiert und eigene Werke der Tafelgäste vorgetragen werden.

Rechte Seite: Das Büro der Schlossherrin spiegelt die märchenhafte Atmosphäre des übrigen Schlossbesitzes wider. Im Westflügel der Liegenschaft lebt die Familie selbst. Die angrenzenden großen Säle der Sechs-Flügel-Anlage können zusammen mit einem Catering zu Veranstaltungen gemietet werden.

Folgende Seiten: Säle und Flure des Schlosses sind von den Eigentümern mit viel Gespür für das besondere Ambiente renoviert und zudem stilgerecht möbliert worden.

VAIO

Herrschaftlich logieren

Oben: Ein Wintermärchen erleben jene, die in der kalten Jahreszeit im Schloss Triestewitz unweit von Torgau logieren. Das Anwesen bietet neben familiärer Gastfreundschaft und bezaubernden Zimmern im Stil vergangener Zeiten ein naturbelassenes Umfeld in Flussnähe. Torgau, Dresden und Leipzig sind nicht weit und auch das nahe gelegene Berlin ist ein beliebtes Ausflugsziel für Gäste aus dem In- und Ausland.

Unten: Blick in eines der edel ausgestatteten Gästezimmer. Für die antiken Möbel haben Monika und Manfred Pawlik ganz Europa bereist. Fündig sind sie insbesondere in Belgien geworden, das für ambitionierte Sammler - so der Tipp des Paares - Antiquitäten in einer ungewöhnlichen Fülle zu bieten hat.

Schloss der Familie Pawlik in Triestewitz

Wer zum Schloss Triestewitz aufbricht, wird an der Elbe Halt machen. Ein wenig kann es dauern, bis die Fähre kommt. Sie hat keinen Motor und folgt der Strömung. Nach einem Schwatz mit dem Fährmann und wenigen Kilometern Autofahrt erreicht man Schloss Triestewitz. Das schöne Anwesen liegt unweit von Torgau inmitten eines Parks und ist heute aufwändig saniert. Eigentümer sind Monika und Manfred Pawlik, die im Haus leben und darin ein Hotel betreiben. Durch seine Arbeit im Raum Brandenburg war der westfälische Bauunternehmer auf das Schloss aufmerksam geworden, das die Gemeinde veräußern wollte. Der Fachmann erkannte das Potenzial und blieb. Nach dem Kauf richtete er sich zunächst notdürftig ein Zimmer im Schloss ein. Später folgten Frau und Sohn nach. Jahrelange Bauarbeiten waren nötig, um Schloss Triestewitz in jenen Zustand zu versetzen, den es in seinen besten Zeiten gehabt hatte. Besonders spannend war die Freilegung der Fassade, welche An- und Umbauten zu Tage förderte, die in den Jahrhunderten vorgenommen worden waren.

Triestewitz war wie viele vergleichbare Häuser ein Rittergut mit eher funktioneller Struktur, als es urkundlich erstmals erwähnt wurde. Generationen folgten nach, ließen das Haus nach eigenen Vorstellungen verändern und verliehen dem Bau seine heutige Eleganz und Romantik. Nach der Enteignung im Jahr 1945 wurde das Schloss von Mietern nur noch zu Wohnzwecken genutzt. Als die neuen Eigentümer aus Westfalen es erwarben, war das einst so prachtvolle Anwesen in einem jämmerlichen Zustand. Das Dach war undicht, Wände drohten abzurutschen. Die Sanierung geriet zur besonderen Herausforderung für den Baufachmann und dessen Familie, die lange Zeit mit Provisorien lebten. Bereut haben sie es nicht. Neben der Romantik, die hier immer auch in der Luft liegt, haben mit der Zeit ganz praktische Erwägungen die Oberhand gewonnen. Die Pawliks richteten Zimmer für Zimmer her, sammelten alte Möbel, gestalteten das Haus nach eigenen Vorstellungen und eröffneten ein stilvolles Hotel. Die Buchungen sprechen für sich. Ehemalige Hochzeitspaare kommen, die vor Ort ihre erste Nacht verbracht haben und denselben Raum wieder haben möchten, oder Leute, die in der Gegend aufgewachsen sind. Künstler nutzen die romantische Umgebung zum Malen und Familien mit Kindern zum Entspannen. Schlossgäste lieben die Nähe zu Dresden, Leipzig und Wittenberg mit seinen Kunst- und Kulturschätzen. Aber auch das nahe gelegene Berlin und Potsdam sind beliebte Ausflugsziele.

Angerührt waren die Pawliks, als die Köchin der letzten Eigentümer das Haus besuchte und im Gästezimmer mit französischen Möbeln eben jenes wieder zu erkennen glaubte, in dem die letzte Eigentümerin, eine Baronin, geschlafen hatte. Monika Pawlik hatte das Interieur zufällig auf einem Antikmarkt erstanden und für das Zimmer ausgesucht (folgende Seiten).

Oben: Im zweiten Stock liegt das Esszimmer der Familie. Schloss Triestewitz ist ein gastfreundliches Haus, in dem oft gefeiert wird, Freunde und Bekannte zum Dinner geladen sind.

Oben: Der „Grüne Salon" im Erdgeschoss ist ein großer repräsentativer Raum, der von Familie und Gästen genutzt wird. Das Farbkonzept der einzelnen Räume hat die Familie nach alten Vorlagen kreiert. Kunstvolle Türbemalungen und Stuck sind bei den Umbauarbeiten in Auftrag gegeben worden. Die antiken Möbel stammen überwiegend aus europäischen Beständen.

Links: Monika, Manfred und Michael Pawlik von Schloss Triestewitz. Die Schlosseigentümer haben für sich und die Gäste des Hauses ein romantisches Refugium geschaffen, in dem die einstige Pracht auf eine individuelle und behagliche Art wieder neu erlebbar wird.

Rechts: Das von Hand gefertigte Kinderschuhpaar hat die Eigentümerin auf dem Dachboden des Schlosses gefunden. Es wird über einhundert Jahre alt sein und zeugt auf eine anrührende Art vom Leben vergangener Generationen auf Schloss Triestewitz.

Oben: Blick in eines der Gästezimmer. Wer hier nächtigt, ist von einer jahrhundertealten Geschichte umgeben. Bis zum Ende des zweiten Weltkrieges war das Haus noch Privateigentum. Diverse Einrichtungsgegenstände, Wandmalereien und Schriftstücke erinnern daran.

Rechts: Die elfenbeinfarbenen und mit kunstvollen Schnitzereien verzierten Möbel im französischen Stil hat Monika Pawlik auf einem tschechischen Antikmarkt entdeckt und später dazu die passenden Vorhänge und Decken ausgewählt. Angerührt war sie, als vor einiger Zeit die frühere Köchin der Familie von Stammer im Schloss zu Gast weilte und in jenem Schlafraum spontan das barocke Zimmer der früheren Baronin zu erkennen glaubte.

Bauernhöfe, Gasthäuser und Pensionen

Leben wie in der Provence

Oben: Die Professur an der Hochschule Mittweida hat den Sozialwissenschaftler Armin Wöhrle mit seiner Frau Wally nach Sachsen geführt. Bei ihrer Suche nach Wohnraum stießen die Württemberger auf ihren heutigen Hof in Reinsdorf, zu dem ein herrlicher Flecken Land gehört. Die Süddeutschen verliebten sich spontan in die schöne Lage und das romantische Anwesen.

Jahrelange Arbeit und kreative Ideen haben aus dem alten Bauernhof ein schmukkes Zuhause entstehen lassen, das von Familie und Freunden gleichermaßen gern genutzt wird. Der ehemalige Rinderstall mit Tonnengewölbe (oben) hat sich in ein stilvolles ländliches Refugium verwandelt. Der frühere Stallboden wurde ausgehoben und Ebenen in unterschiedlichen Höhen geschaffen, die den großen Raum heute in mehrere Bereiche einteilen. Die kleineren Stallfenster sind zur Gartenseite hin vergrößert worden. Ein „Hingucker" sind die Serpentinsteine vom nahe gelegenen Steinbruch, die überall im Raum verbaut wurden und damit für sich zu Kunstwerken avancieren.

Hof der Familie Wöhrle in Reinsdorf bei Waldheim

Wally und Armin Wöhrle sind aus München nach Sachsen gekommen, weil der Sozialwissenschaftler eine Professur an der Hochschule Mittweida bekommen hatte. Per Zufall fuhr das naturverbundene Paar durch Reinsdorf bei Waldheim. Sie stiegen aus dem Auto und liefen ein paar Schritte durch ein Tal mit Bachlauf, das ihnen so gefiel, dass sie unwillkürlich glaubten, sich in der Provence zu befinden. Hier zu leben, das wäre wunderbar, dachten die Wohnungssuchenden und wussten zu dem Zeitpunkt noch gar nicht, dass sie wenig später genau den Hof mit jenem Stück Land kaufen würden, zu dem eben dieses Tal gehört.

Es war ein besonderer Glücksumstand, der sie letztlich auch bewogen hat, den sanierungsbedürftigen Vierseitenhof zu erwerben. Das Paar wusste schon bei der ersten Besichtigung: „Das ist es." Entsprechend moderat ging der Eigentümerwechsel vonstatten. Lange danach gab es noch guten Kontakt zum betagten Vorbesitzer, der sich über jeden baulichen Fortschritt auf dem Hof freute. Für die Württemberger ging es vor allem darum, alles so ursprünglich wie möglich zu belassen. Authentisch sollte der Hof bleiben. So wurde auch manches Alte hervorgeholt, das noch nicht einmal der alte Hofeigentümer gekannt hatte, wie die Holzdecke aus dem 17. Jahrhundert (folgende Seite), welche mit ihren beeindruckenden Balken heute die gemütliche Bauernstube in Szene setzt. Nicht minder spannend geriet der Umbau des ehemaligen Stalles (gegenüberliegende Seite), dessen Boden für den neuen Wohnraum in mehreren Ebenen völlig neu aufgebaut wurde. Die meterdicken Wände waren ursprünglich aus schwarzem Serpentinstein errichtet worden, der nur wenige hundert Meter weiter im Steinbruch abgebaut worden war. Die Eigentümer ließen die Steine sandstrahlen und rau verputzen und holten sich weitere dazu, mit denen sie Haus und Hof auskleideten. Besonderer Vorteil: Serpentin besitzt eine hervorragende Speicherfähigkeit und sorgt draußen für lang anhaltende Sonnenwärme und innen für ein wunderbares Raumklima. Auch an heißen Tagen ist es im Wohnhaus so kühl, als wenn es eine Klimaanlage gäbe. Steine im Inneren wurden unverputzt belassen, die kleineren Stallfenster nach der Gartenseite hin vergrößert. Entstanden ist ein wunderbarer offener Raum, der mit seinen vielen Weißtönen zusätzliche Helligkeit von draußen einfängt.

Den Außenbereich haben die Hofeigentümer ebenfalls nach ihren Vorstellungen gestaltet. Hinter dem Hof ist ein großer Schwimmteich angelegt worden, der mit den Jahren einen solch dichten Bewuchs bekommen hat, dass er so anmutet, als ob es ihn schon immer gegeben hätte. In Szene gesetzt wird das Biotop durch Kunstwerke, kleine Brücken und einen Wasserfall, den Armin Wöhrle selbst errichtet hat.

Oben: Wally und Armin Wöhrle leben aus Überzeugung naturverbunden. Besonders oft und gern halten sich die Wahlsachsen im Garten auf. Für Armin Wöhrle bringt die unverfälschte Umgebung Abwechslung und Entspannung vom Arbeitsalltag. Der Naturliebhaber hat auf dem eigenen Grundstück einen großen Teich anlegen lassen, den er selbst konzipiert, bepflanzt und mit Kunstwerken ausgestattet hat (unten).

Oben: Passend zum ursprünglichen Ambiente des jahrhundertealten Hofes hat das Paar einen alten Kohlenherd in der Küche, der mit Holz beheizt werden kann. Die wohltuende Einfachheit des Landlebens setzt sich auch in den übrigen Räumen fort, die stilvoll eingerichtet sind und abgesehen von wenigen aber gezielt positionierten Kunstwerken ohne überflüssiges Interieur auskommen.

Unten: Eine Augenweide ist die gemütliche Bauernstube mit beeindrukkender Holzbalkendecke, die der Eigentümer bei seinen Baumaßnahmen selbst entdeckt und freigelegt hat. Nicht einmal der Vorbesitzer, der im Haus sein achtes Lebensjahrzehnt vollendete, hatte diese schöne Stubendecke gekannt, weil diese durch Umbauten der früheren Generationen für lange Zeit verdeckt gewesen war.

Oben: Immer wieder fängt der Eigentümer, der auch das Fotografenhandwerk beherrscht, die stimmungsvollen Augenblicke ein, die das Hofleben beschert. Jene Aufnahme, die tatsächlich an ein Haus in der Provence erinnert, entstand in einer Sommernacht und zeigt eine romantische Ecke des Hofes, die in jedem Licht und zu jeder Tageszeit etwas Besonderes zu bieten hat.

Unten: Den Kamin in der großen Stube haben die Eigentümer selbst konzipiert und mit Steinen aus dem Steinbruch umfriedet. Die Speicherfähigkeit des schwarzen Serpentins, der bisweilen auch grünlich schimmert und mit feinen grauen Adern durchzogen ist, gilt als legendär. So hat das Paar das natürlich vorkommende Material nicht nur innen, sondern auch draußen auf dem Hof eingebaut und freut sich an Sommertagen über die wunderbare Wärme der Serpentinsteine, die auch nachts und sogar noch am anderen Morgen warm sind, wenn sie am Vortag von der Sonne beschienen wurden. Der offene Kamin, der ebenfalls von der Wärmespeicherung profitiert, hält die Stube durch einen besonderen Aufbau mit gut durchdachtem Abzug rauchfrei.

Ein Garten für die Sinne

Oben: Zwei Säulen mit Pflanzschalen führen in den Bauerngarten der Familie Pilz in Niedergräfenhain. Wie ein Schlossgarten mutet der gesamte Park an, den sich Heidrun und Thomas Pilz auf dem eigenen Grundstück erschaffen haben. Dominiert wird er in vielen Teilen von rotem Porphyr, wie er in unmittelbarer Umgebung vorkommt. Beim Entkernen von Haus und Hof fanden die Eigentümer die schönen roten Steine, die Thomas Pilz letztlich auch zur Bildhauerei verführten.

Rechts: Einen wunderbaren Kontrast zum üppigen Grün der Bäume und Büsche setzt diese Mauer aus Porphyr, die an eine bestehende Grundmauer der ehemaligen Scheune angebaut worden ist. Den romantischen Durchgang nutzten auch befreundete Paare, die sich hier bei ihrer Hochzeit fotografieren ließen.

Bauernhof und Park der Familie Pilz in Niedergräfenhain

Es ist ein Garten für alle Sinne, den sich Heidrun und Thomas Pilz auf ihrem Grundstück in Niedergräfenhain erschaffen haben. Ein Gesamtkunstwerk, das seinesgleichen sucht, und das 25 Jahre Zeit hatte, zu wachsen und sich zu entwickeln. Mehrere Hektar groß ist der Park, der ans elterliche Anwesen angrenzt, das früher einmal rein zweckgebunden genutzt wurde. Hatte der Großvater von Heidrun Pilz den schönen Vierseitenhof einst erworben, so mussten die Bauern das Anwesen nach 1950 an die LPG abtreten und konnten nur noch kleine Teile davon selbst bewirtschaften. Eine Zeit, in der zwei der vier Gebäude verfielen und letztlich abgerissen werden mussten. Nach der Wende bekam die Familie ihr Eigentum zurück. Fortan gestalteten die Kinder den Bauernhof der Eltern nach ihren Vorstellungen um. Das ehemals rein landwirtschaftliche Gelände konnte als solches nicht mehr genutzt werden. Eine Hommage an das Landleben und die umliegende Natur wollten die Betriebswirtin und der Zahnarzt aber trotzdem schaffen. Bäume und Büsche wurden angepflanzt, ehemalige Grundmauern saniert und eine ganz eigene Gartenarchitektur gestaltet. Bei der Entkernung von Haus und Hof entdeckte der handwerklich versierte Eigentümer zudem roten Porphyr, wie er in unmittelbarer Nähe abgebaut wird. Zu schön schien ihm der Stein, um ihn einfach so zu verbauen. So begann der Arzt, zu meißeln und zu schleifen, und entdeckte seine Liebe zur Bildhauerei. Heute sind die Kunstwerke des Autodidakten auch auf den zweiten Blick kaum mehr von denen seiner Freunde zu unterscheiden, Künstler aus dem Raum Leipzig, die in den Jahren mit ihren Arbeiten unzählige Ecken des Parks in Szene gesetzt haben. Zudem sind aus Liebe zum Material und zum Tun auch einige gemeinsame Arbeiten entstanden. Thomas Pilz behaut heute nicht nur roten Porphyr, sondern auch schwarzen Serpentin, hellen Marmor oder hellgelben Sandstein und erfreut sich immer wieder aufs Neue an der wundervollen Struktur und Maserung, die durchs Behauen, Schleifen und Polieren zutage tritt. Garten und Haus sind die Domäne der zierlichen Heidrun Pilz, die in jeder freien Minute ihr Händchen für üppigen Pflanzenwuchs und zauberhafte Arrangements aus der Natur ins Spiel bringt. Die perfekte Symbiose der Eheleute ist kaum zu überbieten. Neben dem Bauernhaus ist ein Park entstanden, der jedem herrschaftlichen Anwesen alle Ehre machen würde.

Oben: Heidrun Pilz auf der Porphyrtreppe, die zur Sitzecke vorm Wohnhaus führt. Der rote Porphyr hat hier eine lange Tradition. Von Anbeginn gehörte der Stein schon zum Anwesen, weil die Eigentümer des Hofes wie viele andere in der Region das Material verwendeten, das in unmittelbarer Umgebung abgebaut wurde.

Unten und folgende Seiten: Park, Garten und Teich von Heidrun und Thomas Pilz sind ein Gesamtkunstwerk, das durch eine individuelle Landschaftsarchitektur und Kunstwerke von Freunden und des Eigentümers auf eine äußerst charmante Art in Szene gesetzt wird. Haus und Hof scheinen gleichsam darin eingebettet. Die Grundmauern der früheren Seitengebäude wurden in die Außengestaltung einbezogen, mit wildem Wein und Efeu bepflanzt und muten heute wie eine alte Schlossmauer an.

Geschütztes Refugium für Menschen mit Handicap

Oben: Die Wohnstätte für Behinderte in Höfgen bei Grimma zählt heute zu den schönsten erhaltenen Vierseitenhöfen de Region. Die Arbeiterwohlfahrt hatte das weitläufig Anwesen und Grundstück erworben und damit vor dem endgültigen Verfall bewahrt. Mit der Sanierung und Ersatzbebauung wurde das Architekturbüro Schmole und Partner aus Leipzig beauftragt. Heute umschließt das ehemalige Gebäudeensemble wie in früheren Zeiten einen geschützten Innenhof. Tradition und Moderne sind so kombiniert worden, dass sie mit dem ländlichen Umfeld harmonieren. Der beeindruckende Hausbaum, eine Kastanie mit ausladender Krone, wurde im Zuge der Baumaßnahmen erhalten.

Rechts: An den Kreuzgewölben im Inneren wird erkennbar, dass sich im Behindertenwohnheim alte und neue Architektur verbinden. Früher waren im Erdgeschoss des Haupthauses Stallungen untergebracht. Heute dienen die Räume den Mitarbeitern als Büro. Eine Hommage an traditionelle ländliche Fassaden sind die vielen Fensterläden (oben), die schöne Farbakzente setzen. Die verschiebbare Lamellenkonstruktion aus wetterbeständigem Metall war ein Kompromiss und ein Zugeständnis an eine unkomplizierte und auch von den Bewohnern leicht zu handhabende Funktionalität, erklärt die Architektin Regina Schmole.

Projekt der Leipziger Architekten Schmole und Partner: Umbau eines Vierseitenhofes in Höfgen zur Wohnstätte für Behinderte

Mühlen, historische Gasthäuser, das benachbarte Kloster Nimbschen und eine Fähre locken in der Saison unzählige Besucher in die kleine Gemeinde Höfgen bei Grimma. In der ländlichen Idylle haben auch körperlich und geistig behinderte Menschen ein schmukkes und geschütztes Refugium gefunden. Ein umgebauter Vierseitenhof mit weitläufigem Außengelände bietet den Bewohnern mit Hanidcap genügend Licht, Luft und Platz zum Wohnen und Wohlfühlen. Als Träger der Wohnstätte beauftragte die Arbeiterwohlfahrt das Architekturbüro Schmole und Partner aus Leipzig mit der Planung.

Um 1840 war der Hof zunächst mit einem Wohnhaus bebaut worden. Nachfolgende Generationen erweiterten das ländliche Anwesen, bis schließlich der heutige Vierseitenhof entstand. Das Anwesen wurde bis zum Krieg landwirtschaftlich genutzt und danach zum Kinderheim umfunktioniert. Zwei der nicht genutzten Häuser waren danach verfallen und wurden abgerissen. Der Hof war in einem traurigen Zustand, als die ersten behinderten Bewohner zusammen mit ihren Betreuern hier Einzug hielten.

Die Umgestaltung des denkmalgeschützten Hofes war eine besondere Herausforderung, erinnert sich Regina Schmole. Die Architektin hatte den umfangreichen Auftrag zusammen mit ihrem damaligen Partner übernommen. Es galt, Tradition und Moderne behutsam zu vereinen und die fehlenden Häuser aufzubauen, um das ehemals geschlossene Ensemble wider herzustellen. Zweckgebunden und formschön ist der neue Vierseitenhof heute gleichermaßen ein idyllisches Refugium für Bewohner und Betreuer. Eine Hommage an ländliche Traditionen sind die metallenen roten Schiebeläden, welche die Farbe der Dachziegel aufgreifen, an sonnigen Tagen Schatten spenden und für Sicherheit und Intimsphäre der Bewohner sorgen. Die schöne alte Kastanie im Innenhof wurde belassen und während der Baumaßnahmen besonders geschützt, so dass nach alter Art ein imposanter Hausbaum zum Hof gehört, der Schatten spendet und an Herbsttagen für eine wundervolle Farbenpracht vor den großen Fenstern sorgt. Eine große Rundbank umfriedet den dicken Stamm und lädt an schönen Tagen zum Plausch im Freien ein.

Diese Seite oben und unten: Kunst und Architektur gehen in Höfgen eine enge Verbindung ein. Holz- und Steinbildhauer haben nach Beendigung der Baumaßnahmen thematisch passende Skulpturen für Haus und Hof gefertigt.

Rechte Seite oben: Gelbe Ahornblätter im Herbst bieten einen reizvollen Kontrast zum Rostrot der Fensterläden. Selbst an regnerischen Herbsttagen wirkt die langgezogene Fassade des Wohnheimes frisch und freundlich.

Rechte Seite unten: Blick in einen der Gemeinschaftsräume im oberen Stockwerk. Von hier aus haben die Bewohner einen wunderschönen Blick auf das Muldental. Das Innere der Häuser ist mit frischen Farben, modernen und funktionellen Möbeln eingerichtet worden.

Komfortable Zeitreise in schöne alte Saigerhütte

Oben: Wie ein Bild aus alter Zeit mutet der Blick durch einen Rundbogen auf Hüttenschänke und Haus des Anrichters in der Saigerhütte in Olbernhau an. Hotel und Hüttenschänke stehen mitten im Museumsgelände, auf dem sich Gäste über die besondere Vergangenheit des Anwesens informieren können. Das Originalensemble besteht aus 22 Fachwerkhäusern, zwei Hammerwerken, Wehrtoren und Ringmauer. 1992 wurde die Saigerhütte als Denkmal zum Anwärter für das UNESCO-Weltkulturerbe vorgeschlagen.

Unten: Wappen am Portal zur Saigerhütte künden von der historischen Bedeutung und dem Alter des Ortes, an dem nach Agricola mit besonderen Schmelzverfahren aus Erzen reines Kupfer gewonnen wurde.

Hotel und Hüttenschänke der Familie Gorny im Erzgebirge

Olbernhau im Erzgebirge ist vor allem als Spielzeugland bekannt. Das landschaftlich reizvolle Umland lädt aber auch zum Wandern, Sommerrodeln oder Golfen ein. Berg und Tal mit weiten Feldern, Waldstücken und Gebirgsflüssen wechseln sich ab.

Die vor Jahrhunderten hier mit Pferd und Wagen oder zu Fuß durchzogen, müssen die Idylle gleichermaßen empfunden haben. Sie blieben, entdeckten die Potenziale des schönen Landstriches, bestellten den Boden, fanden Erze, schürften tiefer und lernten diese zu schmelzen und weiterzuverarbeiten. Dörfer und Städte entstanden. Landesherren wurden reich, Beamte und Hüttenarbeiter hatten über Jahrhunderte hinweg Lohn und Brot.

Eine jener ursprünglichen Ansiedlungen formierte sich auch um die Saigerhütte Olbernhau, in der einst Kupfer gewonnen und verarbeitet wurde. Ein großes Portal mit Wappen und Gründungsinsignien der Landesherren zeugt heute noch von der überregionalen Bedeutung des Ortes (linke Seite unten). Das hier gewonnene Kupfer war hochwertig und begehrt. Beim Saigern, einem mehrstufigen Schmelzprozess, wurde nach einem eigens entwickelten Verfahren des Wissenschaftlers Agricola das Rohkupfer vom Silber und weiteren Metallen im Erz getrennt. Insbesondere Grüntaler Dachkupfer avancierte in dieser Zeit zum begehrten Baumaterial. Der Dresdner Zwinger, das Ulmer Münster oder der Wiener Stephansdom wurden damit gedeckt. Sogar die Alexander-Newski-Kathedrale in Sofia bekam ein Dach aus dem glänzenden Metall, das mit der Zeit eine so schöne grüne Patina ansetzt.

Die glühenden Schmelztiegel von einst sind lange erloschen, moderne Verfahren haben der körperlich schweren Hüttenarbeit den Rang abgelaufen. Doch die Faszination einer Welt, in der eines der ursprünglichsten Handwerke ausgeübt wurde, besteht immer noch. Wer nach Olbernhau zur Saigerhütte anreist, kann sie spüren. Sie steckt in den Pflastersteinen von Platz und Gassen, im alten Glockenturm auf dem Dach, in der restaurierten Hüttentechnik und den Museumsmauern, durch deren Bögen man direkt auf die Hüttenschänke und das Haus des Anrichters mit Kupferkeller schaut (linke Seite oben).

Oben: Blick vom Garten auf die gegenüberliegende Hüttenschänke.

Unten: Die Hüttentechnik mit Wasserrad und Antriebswelle erzählt auf anschauliche Art vom einstigen Hammerwerk, dessen Mauern abgerissen wurden. Heute ist das Gelände begehbar und gehört zum Museum der Saigerhütte.

Betreiber von Hotel und Gaststätte sind Brit und Markus Gorny, die den historischen Ort mit Hotel und Gasthaus beleben. Die Entscheidung des Paares, nach Olbernhau zu gehen, hatte viel mit der Lage, dem Potenzial und der Schönheit der Häuser zu tun. Wenn schon ein eigenes Hotel mit Gasthaus, dann sollte es etwas Besonderes sein. Im denkmalgeschützten Ensemble kann das Paar die eigenen Ambitionen von Gastlichkeit optimal umsetzen. Die heutige Hüttenschänke mit wunderschön saniertem Fachwerk und Glockenturm auf dem Dach war vor vielen Jahrhunderten das Wohnhaus des Hüttenbesitzers (folgende Seiten). Bereits 1586 funktionierte man das Anwesen zur Schänke um. Allerdings war damals um 20 Uhr Zapfenstreich, weil die Frühschicht um 4 Uhr begann. Beendet wurde der Ausschank mit dem Läuten der Glokken im Turm. Natürlich gibt es heute moderatere Zeiten für den Start in den Tag, wird der Gast mit einer landestypischen Küche, komfortablen Zimmern und Wellness verwöhnt. Gleich gegenüber war früher das Domizil des Anrichters. Der war für technische Details zuständig, richtete die Schmelze an und sorgte für die Logistik im Unternehmen. Heute ist im Haus der Frühstücksraum des Hotels untergebracht. Wahlweise finden in den sanierten Räumen mit historischem Flair auch Familienfeiern, Tagungen und Seminare statt.

Oben: Blick in den Gastraum der Hüttenschänke, die ursprünglich das Wohnhaus des Saigerhütten-Besitzers war. Ab 1586 wurde es zur Schänke umgebaut. Gegenüber liegt das Haus des einstigen Anrichters mit Kupferkeller (heute Frühstücks- und Tagungsraum), wo das Garkupfer bis zum Verkauf gelagert wurde.

Gegenüber: Blick von der Hüttenschänke auf das Fachwerkhaus des Anrichters.

Verwöhnprogramm in ländlicher Idylle

Oben: Die Ferienwohnungen der Wellnessranch in Niederfrohna sind rustikal und komfortabel zugleich. Dielenbretter, Holzdecke, dunkles Leder und antikes Interieur machen hier das Erlebnis Bauernhof perfekt. An den Wänden hängen Bilder von Künstlern aus aller Welt, die das Paar von seinen weiten Reisen mitgebracht hat.

Rechts: Der geschmückte Brunnen und ländliches Interieur sind eine Hommage an das Landleben. Mehrere Hektar Land gehören zum Hof. Heute lebt die Familie Husfeldt hier und vermietet Räume an Feriengäste. Das Landleben ist naturverbunden wie ehedem. Neben Hund und Katzen gibt es auch Ziegen, Schafe, Esel und Enten.

Wellnessranch der Familie Husfeldt in Niederfrohna

Fast könnte man sie eine Burg nennen, die „Wellnessranch" in Niederfrohna bei Chemnitz. Hoch oben auf dem Berg erheben sich schmucke Fachwerkmauern über dem Tal und der hügeligen Landschaft. Esel weiden friedlich am Hang. Ziegen mümmeln saftiges Gras. Eine alte Steintreppe führt nach oben zum Hof, wo die Düsen eines Whirlpools sprudeln. Gleich daneben steht ein großes Tauchbecken. Wer bei Familie Husfeldt bucht, hat ein Kontrastprogramm der besonderen Art. Er kann einen der letzten vollständig erhaltenen Vierseiten-Fachwerkhöfe der Region erleben und sich im Fünf-Sterne-Haus auf hohem Niveau verwöhnen lassen.

Denn es ist nicht nur der rustikale Schick allein, den Jaqueline Husfeldt hier anbietet. Wer nach Niederfrohna kommt, soll es bei jedem Wetter schön haben, in die Sauna gehen können, sich massieren lassen, die Außenanlage im Whirlpool oder im Tauchbecken genießen, die Tiere füttern oder einfach nur auf dem Holzsteg des Naturbadeteiches in der Sonne liegen. Und wem das zu viel Idylle ist, der kann Ausflüge in das sächsische Burgen- und Heideland unternehmen. Nur wenige Kilometer entfernt liegt die Großstadt Chemnitz mit dem bekannten „Steinernen Wald" und dem Besucherbergwerk „Felsendome". Aber auch der Sachsenring, das Karl-May-Museum, die Töpferstadt Waldenburg und das Schloss Wolkenburg sind in wenigen Autominuten erreichbar.

Fünf Jahre hatten die Chemnitzer gesucht, bis sie den richtigen Hof für ihr Projekt gefunden hatten. Die Familie ließ sich auch nicht davon abschrecken, dass eine größere Erbengemeinschaft das Gebäudeensemble veräußerte. Es stand fest, dass sie ein großes Stück Arbeit vor sich hatten. Aufwändig war die Sanierung von Haupthaus, Stallungen und Scheune. Stück für Stück wurde der Hof umgestaltet. Im ehemaligen Kornspeicher entstanden schmucke Ferienwohnungen. Im früheren Kuhstall sind Sauna, Ruhebereich, Tauchbecken und Bad mit Whirlpool eingebaut. Das alte Speisengewölbe dient heute als Frühstücks- und Aufenthaltsraum. Neben Ziegen und Eseln gehören verschmuste Katzen, ein Hofhund, Schafe und Enten zum großen Hof. Der Umgang mit den Tieren und die schöne Umgebung haben auch eine therapeutische Wirkung auf gestresste Städter, ist die Eigentümerin sicher.

Oben: Wie eine Burg aus Fachwerkmauern erhebt sich die Wellnessranch in Niederfrohna über dem Tal. Auf dem Gelände haben die Eigentümer Teiche angelegt.

Unten: Vom Whirlpool gleich neben dem Haus hat man einen bezaubernden Blick über das Dorf und die hügelige Umgebung. Besonders schön ist es abends, wenn die Sterne funkeln, schwärmt Jaqueline Husfeldt.

Links: Bis unters Dach ausgebaut ist der einstige Kornspeicher des Hofes. An den Balken unter der Dachspitze lässt sich das ehrwürdige Alter erkennen. Mit Orangetönen hat die Eigentümerin dem Feriendomizil eine besondere Note verliehen.

Unten: Am großzügigen Eingangsbereich erkennt man die einstige Bedeutung des Hofes. Die Fliesen sind so belassen worden, wie sie waren. Ein alter Küchenherd aus den Fünfzigern passt perfekt ins ländliche Ambiente.

Rechte Seite: In der früheren Speisekammer des Hauses mit Gewölbe kommt der burgähnliche Charakter des Hauses am besten zur Geltung. Die Haken unter dem schönen Kreuzgewölbe erinnern an die Vorratshaltung vergangener Generationen und die Funktion des Raumes. Früher hingen hier Schweine- und Rinderhälften.

1714

Leinöl, Bier und Buttermilchgetzen

Oben: Früher wohnten Müller in der Braunmühle. Heute ist der urige Gastraum der Braunmühlen-Wirtschaft in Dörnthal den Besuchern vorbehalten. Grobe hölzerne Tische laden zum deftigen Schmaus ein. Alter Hausrat steht an den Wänden und erzählt vom arbeitsreichen Müllerleben in alter Zeit. Eine Ecke des großen Raumes ist einem runden Backofen vorbehalten, in dem der Buttermilchgetzen, eine Spezialität aus dem Erzgebirge, gebacken wird. Die dicke Holzplatte einer alten Werkbank nimmt das Backwerk auf, wenn es knusprig und frisch aus dem Ofen kommt. Der Gastwirt veranstaltet Backtage, an denen auch Gäste nach traditioneller Art Teig zubereiten und kneten dürfen. Für jene, die das Rezept gern selbst ausprobieren möchten, gibt es Getzenpfannen mit Rezeptbuch.

Ölmühle von Christl Braun und Gasthaus Braunmühle von Gunter Braun in Dörnthal

Rauschende Gebirgsbäche und schnell fließendes klares Wasser verführten schon immer dazu, sich anzusiedeln und die Wasserkraft zu nutzen. Eine Arbeit, die von jeher krisensicher schien und auch heute lohnt, wenn man innovative Ideen hat.

Zwei, die solch alte Mühlentraditionen fortführen, sind Christl und Gunter Braun. Christl Braun presst Leinöl, ihr Bruder Gunter Braun betreibt nur wenige hundert Meter weiter in der alten Mühle seines Großvaters eine eigene Wirtschaft. Vor dem Haus dreht sich ein riesiges Wasserrad (oben). Im rustikal eingerichteten Gastraum (linke Seite) kann man deftig speisen und feiern. Im selben Haus braut der Müller auch sein leckeres Bier (unten).

Wer dem Hofladen der Ölmühle einen Besuch abstattet, nimmt unweigerlich ein Vibrieren wahr, das sich über alle vier Etagen des Hauses ausbreitet. Warmes gelbes Leinöl sickert unermüdlich aus Leitungen in eine Rinne und wird in Flaschen abgefüllt, etikettiert und verschlossen. Wo früher einmal Mahlwerk und Säcke standen, surren heute elektrische Maschinen. Es sind solche, die noch Großvater Gustav und dessen Sohn Heinz Braun angeschafft haben. Das alte Stampfwerk wurde nach dem Krieg durch einen Walzenstuhl ersetzt. Eine Modernisierung, die sich bis heute rechnet. Das Öl wird im Schichtbetrieb hergestellt. Die robuste Nachkriegstechnik mit Transmissionsantrieb nimmt mehrere Etagen ein und ist per sé eine Augenweide für jeden Technikfreak. Außerdem ist sie nicht totzukriegen und effizient.

Brauns kalt gepresstes Leinöl ist gesund und lecker und wird in die ganze Bundesrepublik versandt. Müllerin zu sein, das war für Christl Braun nicht immer ein Vergnügen. Die Dörnthalerin hat schon früh im elterlichen Betrieb mitgeholfen und als junge Frau deshalb eine Auszeit gebraucht. Heute ist sie froh über den Job im Traditionsbetrieb. Zusammen mit ihrem Bruder sorgt sie dafür, dass die beiden elterlichen Mühlen an der ehemaligen Silberstraße belebt sind.

Oben: Mit ihrem riesigen Wasserrad und einer imposanten Steinmauer ist die Braunmühle in Dörnthal eine Augenweide und eine Attraktion für Besucher. Das ehrwürdige Alter des Hauses, das an der ehemaligen Silberstraße im Erzgebirge liegt, wird auf über 500 Jahre geschätzt.

Unten: Moderne Technik hat im traditionsreichen Gemäuer Einzug gehalten. Der Müllersohn und Gastwirt braut sein eigenes Bier, das bei unserem Besuch noch gar keinen Namen hat, aber bereits reißenden Absatz findet.

Oben: Die Dörnthaler Ölmühle liegt an der ehemaligen Silberstraße im Erzgebirge. Das jahrhundertealte Haus ist auch heute noch ein Generationenbetrieb. Durch das Anwesen rauscht ein breiter Gebirgsbach, der kristallklares Wasser mit sich führt und in den vergangenen Jahrhunderten auch die nötige Fließgeschwindigkeit und Antriebskraft für die Mühle garantierte. Heute wird das Mahlwerk elektrisch angetrieben.

Links: Warmes goldgelbes Leinöl fließt aus Leitungen in eine Rinne. Es wird in der Dörnthaler Mühle kalt gepresst und ist deshalb besonders gesund und schmackhaft. Traditionell wir das Leinöl mit frischem Brot, Quark und Pellkartoffeln, verschiedenen Salaten, Hering und Buttermilchgetzen oder Bratkartoffeln verwendet. Wegen seiner ungesättigten Fettsäuren gilt der Genuss von Leinöl als besonders wertvoll.

Oben: Zu Pfingsten oder Tagen der offenen Tür ist der schöne Raum auch für Gäste geöffnet, gibt es Führungen durch das Haus, bei denen die Braunmüllerin über die Tradition des Hauses erzählt und die Mühlentechnik erklärt.

Rechts: Die robuste Nachkriegstechnik mit Transmissionsantrieb nimmt mehrere Etagen der Mühle ein und ist per sé eine Augenweide für jeden Nostalgiker. Die Maschinen haben noch Großvater Gustav und dessen Sohn Heinz Braun angeschafft. Das alte Stampfwerk wurde nach dem Krieg durch einen Walzenstuhl ersetzt. Eine Modernisierung, die sich bis heute rechnet. Das Öl wird im Schichtbetrieb hergestellt.

Hof mit Tradition

Oben: Der Bauernhof zum Silberbergwerk in Limbach-Oberfrohna wurde zwischen dem 13. und 14. Jahrhundert erbaut und ist damit einer der ältesten erhaltenen Höfe der Region. Heute ist das schöne Ensemble denkmalgeschützt und beherbergt urig eingerichtete Gasträume, eine große Bowlingbahn und Pensionszimmer. Mit ländlichen Malereien hat ein Künstler der Region die Fassaden individuell und ländlich gestaltet.

Rechts: Im geschützten Innenhof können Gäste an schönen Tagen einkehren und sich mit Speis und Trank aus Küche und Keller verwöhnen lassen. Ein riesiges Zeltdach schützt vor der Sonne. Geräte, die überall ausgestellt sind, erzählen vom Landleben vergangener Generationen.

Bauernhof zum Silberbergwerk Limbach-Oberfrohna

Kaum ein Hof in der Region ist so lange in Familienbesitz gewesen wie der Bauernhof zum Silberbergwerk in Limbach-Oberfrohna. Seit 650 Jahren bewirtschaften nachfolgende Generationen Hof und Ländereien. Nach der Wende kam die Idee für eine neue Nutzung des Gebäudeensembles, das über einen seltenen Laubengang, schön erhaltenes Fachwerk und beeindruckende Grundmauern verfügt. Seit 1996 ist der denkmalgeschützte und aufwändig sanierte Hof Erlebnisgaststätte und Pension und wird von Familie Schramm geführt. Im Bergwerkstollen gibt es eine Bowlingbahn, in Vereinszimmer und in der Tenne (folgende Seiten) können Gäste in größerer Runde gemütlich beisammensitzen. Ein Biergarten lädt bei schönem Wetter in den großen Innenhof ein. Aus Topf und Pfanne werden deftige Gerichte gezaubert wie die „Karre Mist" (Grillhaxe mit Sauerkraut und Majoranklößen) oder die „Silberpfanne (Steaks mit Kroketten und Gemüse). Die früheren Tore, durch die einst Pferdewagen und später Landmaschinen fuhren, sind verglast worden. Das Innere ist rustikal eingerichtet. Ländliches Gerät, das im Gang und an den Wänden lehnt, ist eine Hommage an das Leben der Altvorderen. In die Umgestaltung zum Erlebnisbauernhof ist auch das Außengelände einbezogen worden. Wer einkehrt, soll rundherum entspannen können. Eine Salzgrotte wird derzeit gebaut. Gleich hinter dem Haus haben die Eigentümer einen Teich angelegt.

Das Gasthaus vereint die Familie in einem Generationenprojekt, bei dem Anita Schramm das Unternehmen managt, Ehemann Wolfgang den Ausschank übernimmt und Oma Margot alle „kleineren Dinge" in Haus, Hof und Garten erledigt. Anita Schramm (Foto oben) hat schon Jahre vorher in der Gastronomie gearbeitet, der Hof der Eltern lag brach. So entschied sich das Paar, ihn Stück für Stück zu sanieren. Ein Mammutunterfangen, das Jahre dauerte und neben Förderleistungen unendlich viele Arbeitsstunden kostete. Auf ganzen drei Etagen der Gaststätte kann man heute einkehren. Wer mag, kann im Bauernhof auch nächtigen, sechs Einzel- bzw. Doppelzimmer gibt es für Schlafgäste.

Oben: Der Bauernhof zum Silberbergwerk wird von Familie Schramm geführt. Kinder, Ehemann und Großmutter sind ins Familienunternehmen eingebunden.

Unten: Auf ganzen drei Etagen kann man im Gasthaus einkehren. Der Stammtisch „großer Zuber" ist in den oberen Etagen des Hauses zu finden.

Oben: Die frühere Tenne ist zu einem riesigen Gastraum umgebaut worden. In die früheren Tore mit Rundbögen sind Sprossenfenster eingezogen worden, die der ländlichen Architektur einen burgähnlichen Charakter verleihen. Ausgestattet ist das Ambiente mit schmiedeeisernen Leuchtern, passenden Holztischen und antikem Gestühl.

Rechte Seite oben: Der große Hof verfügt über einen für die Region seltenen Laubengang, den die Eigentümer erhalten und saniert haben. Von hier aus gelangt man in die einzelnen Gästezimmer des Hauses.

Unten: Nicht minder beeindruckend ist das Vereinszimmer, dessen großes Tor im Zuge der Umbauarbeiten ebenfalls verglast worden ist und einen Ausblick auf den Teich hinter dem Haus freigibt.

Alte Schule mit Prinzenraub-Scheune

Oben und gegenüberliegende Seite oben: Björn und Nadine Wetzel im Museum ihres Gasthauses „Alte Schule" in Callenberg. Hier dreht sich alles um die lehrreiche Vergangenheit des Hauses. Utensilien wie Schulranzen und Holzstock sind nicht nur im Gastraum zu finden, sondern auch im Museum in der neu erbauten Scheune. Hier frönt der junge Gastwirt seiner Sammelleidenschaft. Neben schulischem Interieur trägt der Callenberger auch antike Stücke zusammen, die teilweise jahrhundertealt sind.

Rechts: Im Porphyrbogen in der neu erbauten Scheune stecken uralte Steine aus dem früheren Rittergut, das um 1150 durch den spektakulären Prinzenraub zu Altenburg eine dramatische Berühmtheit erlangte.

Gasthaus „Alte Schule“ in Callenberg

Der Traum von einem eigenen Unternehmen hat Björn Wetzel aus Callenberg zum historischen Grund und Boden und zum eigenen Gasthaus „Alte Schule“ hingeführt. Durch Zufall erfuhr der gelernte Bäcker vom Schulhaus in der heimatlichen Großgemeinde, das leer stand und verkauft werden sollte. Im Volksmund hieß es „Alte Schule“, obwohl es eigentlich schon lange Wohnhaus war und anno 1887 zum letzten Mal Dorfkinder die Schulbank drückten.

Der Hauskauf brachte dann noch weitere Überraschungen mit sich. Noch länger zurück, um das Jahr 1150, hatte ein Rittergut auf dem Areal gestanden, um das sich besondere Geschichten rankten. So soll in der Scheune des Gutes Callenberg jene besondere Strickleiter geflochten worden sein, welche beim Prinzenraub zu Altenburg Verwendung gefunden hatte. Die adligen Kidnapper, Kunz von Kauffungen, Ritter von Mosen und Ritter von Schönfeld, hatten aus Vergeltung für ausgebliebenen Kriegssold die Söhne des sächsischen Kurfürsten Friedrich des Sanftmütigen aus dem Schloss Altenburg entführt. Nach der Tat waren sie gefasst, verurteilt und hingerichtet worden.
Als Björn Wetzel von der besonderen Historie des Hauses hörte, forschte er nach den bereits abgerissenen Trümmern der Scheune und fand Teile davon noch unweit auf einem Schuttberg. Zwei Steine der früheren Porphyreinfassung konnte der Callenberger noch retten. Er fügte sie in sein neu erbautes Scheunengebäude ein und versah sie mit einer entsprechenden Gedenkinschrift (linke Seite unten).

Eine Hommage des Gastwirtspaares an die Gefängniszellen des Rittergutes ist das heutige „Knastessen“ aus Blechnäpfen mit Wasser und Brot, nach dem selbstverständlich auch noch deftigere Speisen serviert werden. Schulmeisterlich geht es in den oberen Räumen der neuen Scheune zu, die zur Erinnerung an die jüngere Geschichte des Hauses mit Schulbänken und -utensilien eingerichtet worden sind. Björn Wetzel referiert schon mal vor amüsierten Gästen, die ihr Klassentreffen im Haus feiern. Wer mag, kann im Gasthaus „Alte Schule“ auch übernachten. Es gibt zwei antik eingerichtete Fremdenzimmer.

Rechts: Wer hier nächtigt, schläft in antiken Betten und hängt die Kleider in den Biedermeierschrank. Die Pensionszimmer sind passend zum übrigen Interieur ebenfalls nostalgisch eingerichtet worden. Für seine ständig wachsende Sammlung ist Gastwirt Björn Wetzel im In- und Ausland ständig auf der Suche.

Wohnen an den Bahngleisen

Oben: Roswitha und Lothar Bartschat aus Oelsnitz sind auf der Suche nach Wohneigentum auf ein leer stehendes Bahnhofsgebäude gestoßen. Nach dem Um- und Ausbau des ruinösen Hauses haben sie auch noch das frühere Stellwerk des Bahnhofes erworben und saniert. Lothar Bartschat hat den großen Raum so hergerichtet, dass man hier zünftig feiern kann. Besonders reizvoll ist der Blick auf die Bahngleise, die vorbeirauschenden Züge und das bergige Umland.

Rechts: Mit seinem weit vorgezogenen Dachüberstand sieht das Stellwerk in Oelsnitz wie ein Architektenhaus aus. Früher sollte das Vordach verhindern, dass Bahnbeamte beim Bedienen der Technik und beim Ablesen der Geräte geblendet wurden. Heute sorgt der Überstand für ein gutes Raumklima und lässt das Haus zudem zu einem besonderen architektonischen Kleinod werden.

Bahnwärterhaus und Stellwerk der Familie Bartschat in Oelsnitz

Roswitha und Lothar Bartschat wohnen im Bahnwärterhäuschen direkt an der City-Bahnlinie Stollberg-St. Egidien. Doch damit nicht genug, die Sachsen haben auch noch das dazugehörige Stellwerk an den Gleisen erworben und umgebaut. Wer einen besonderen Ort zum Feiern sucht, ist bei den Bartschats genau richtig. Wenn die Stimmung steigt und die Gläser aneinanderstoßen, rauscht der Zug vorbei. An kalten Tagen kann der Kamin gefeuert werden. Von den großen Fenstern hat man einen Panoramablick auf die Bahngleise und die direkt vor dem Haus vorbeifahrenden Züge. Und wer nach so viel Eisenbahnerromantik und einer durchzechten Nacht sein müdes Haupt betten möchte, kann schon bald im Güterwaggon übernachten. Der wurde mit dem Kran hergebracht, steht gleich nebenan auf der Wiese und muss für Gäste nur noch hergerichtet werden.

Lothar Bartschat, der früher ständig unterwegs war, ist nun pensioniert. Lange hatten er und seine Frau nach dem passenden Eigenheim gesucht. Zunächst wollten sie neu bauen. Doch nach einem komplizierten Beinbruch von Roswitha Bartschat war das Paar plötzlich nicht mehr kreditwürdig. So schauten sich die Oelsnitzer nach Alternativen um und bekamen den Tipp vom leer stehenden Bahnwärterhäuschen. „Eine Ruine war es, als wir es kauften", erinnert sich der Schlosser. Mit viel Geschick und Eigenleistung verwandelte er das verwilderte Refugium in ein schmuckes Eigenheim. Ein großes Glasfenster gibt den Blick in den Garten frei. Einmal eingezogen, blickten die Eigentümer auf das verwilderte und ruinöse Stellwerk gleich gegenüber. Letztlich erwarben sie auch noch das zweite Eisenbahngebäude, entkernten es und richteten es für ihre Zwecke her.

Lothar Bartschat ist selig, nun endlich zu Hause sein und das besondere Ambiente genießen zu können. Einen schöneren Platz zum Leben und Arbeiten kann er sich nicht vorstellen. Seine Frau Roswitha betreibt gleich nebenan einen Laden mit Holzkunst. Lothar Bartschat kümmert sich um die Gäste. Sein Stellwerk ist bekannt und Platz zum Feiern ist auch da.

Eine steinerne Treppe führt nach oben ins Allerheiligste. Die Tafel im einstigen Technikraum ist noch vom Vortag gedeckt. Die Sommersonne scheint durch die verglasten Wände. Trotzdem bleibt der große Raum angenehm temperiert, denn ein breiter Dachüberstand schützt das Innere vor Überhitzung. „Früher sollte der Überstand verhindern, dass die Bahnangestellten bei ihrer Arbeit geblendet werden", erklärt der Eigentümer. Die bauliche Besonderheit kommt dem Wohn- und Wohlgefühl auch heute noch zugute. Nicht nur, weil es geschützt ist, von fern sieht das frühere Stellwerk mit dem besonderen Dach und der schmucken ockerfarbenen Fassade nun fast aus, wie ein Architektenhaus.

Oben: Gleich neben ihrem Bahnwärterhaus betreiben die Bartschats einen eigenen Laden für Holzkunst, in dem die Eigentümerin nach alter Art feine Spitzen klöppelt, wenn sie gerade nicht am Verkaufstresen steht. Aus Liebe zum Erzgebirge haben die Oelsnitzer zudem ihren eigenen Schwibbogen mit Motiven aus der heimatlichen Umgebung kreiert.

Rechts: Blick von der gegenüberliegenden Seite der Bahngleise auf das Oelsnitzer Stellwerk. Das 1934 erbaute Bahngebäude hat durch die Kreativität seiner Eigentümer ein ganz neues Flair bekommen. Heute ist das Haus an den Gleisen ein beliebtes Domizil zum Feiern.

Gemeinsam kochen und schlemmen

Oben und unten rechts: Wer im Schwalbenhof in Hinterhermsdorf bei Zwickau logiert, kann ein wunderschön saniertes ländliches Ambiente genießen. Bis unter den Dachboden ist das große Gästehaus ausgebaut. Schwalbenhof wird der Vierseitenhof genannt, weil es vor Ort viele Schwalben gibt, die am Haus und in der Umgebung nisten, erklärt der Eigentümer Thomas Müller. Gemütlich wie in einem Schwalbennest ist es aber auch im Inneren, nur viel geräumiger. Die meisten Räume hat der kreative Bauherr selbst konzipiert und bewusst offen und hell gestaltet. Fünf oder sechs Personen können in der Ferienwohnung nächtigen. Daneben bieten die behaglich ausgebauten und eingerichteten Etagen des großen Gästehauses angenehme Rückzugsmöglichkeiten, wenn man auch einmal für sich sein möchte.

Schwalbenhof der Familie Müller in Hermsdorf

Wer in den Schwalbenhof nach Hermsdorf bei Zwickau kommt, kann ländlich-stilvoll nächtigen und die gute Küche genießen. Schwalbenhof wird der schöne alte Hof genannt, weil es hier so viele Schwalben gibt. Das große Gästehaus mit drei Etagen garantiert Freiheit und ungezwungenes Amüsement. Ohne das Engagement des Eigentümers, der für das eigene Projekt vieles selbst anpackte und baute, wäre eine solch umfassende Sanierung nicht möglich geworden. Das Ensemble ist alt, das ursprüngliche Wohnhaus schon Anfang des 18. Jahrhunderts erbaut. Stall- und Scheunenanbau folgten, so dass mit den Jahrhunderten ein stolzer Vierseitenhof entstand. Das Fachwerk war von den Vorfahren als Umgebinde errichtet worden. Leider ist die ursprüngliche Art der Bauweise nicht mehr erkennbar, weil das Holz bereits verrottet war, bedauert Thomas Müller. Kleine Räume hat er vergrößert, das Haus vom Keller bis zum Dach einer Sanierung unterzogen. Dort, wo es möglich war, wurde Fachwerk ausgespart, um die Räume zusätzlich atmen zu lassen. Bis unter den Dachboden ausgebaut ist heute das Anwesen, in dem früher die Großmutter lebte. Mit leuchtenden Orange- und Rottönen hat der Hermsdorfer moderne Wohnfarben in die Räume gezaubert. Glatte klare Flächen und alte Möbel, die noch von den Großeltern stammen, bilden eine gelungene Kombination aus modernen und traditionellen Wohnstilen. Die Dachschrägen nutzte der Bauherr, um nach alter Art urgemütliche Schlafkojen einzurichten. Der gesamte Hof ist liebevoll saniert und sorgt für ein authentisches Landerlebnis. In knapp zehn Jahren ist auf diese individuelle Art ein schmuckes Refugium entstanden. Der Eigentümer mag es, wenn Leute sich wie zu Hause fühlen. Entsprechend viel Platz ist in der Küche. Wer hierher kommt, darf auch mitkochen. Zu besonderen Anlässen lädt der gelernte Koch zu Abenden, an denen Gerichte gemeinsam zubereitet und anschließend verspeist werden.

Oben: Der Eigentümer des Schwalbenhofes Thomas Müller ist Betriebswirt und gelernter Koch und lädt Gäste auch zu Abenden ein, an denen sie gemeinsam kochen und anschließend essen können.

Rechts: Urlaub sollte auch immer ein Erlebnis sein. Deswegen wird ein Gästehaus auch anders konzipiert, als das landläufige Zuhause, erklärt der Eigentümer sein Konzept. Mit kräftigen Farben, die schöne Kontraste zum Holz der Deckenbalken setzen, haben die Räume im Gästehaus des Schwalbenhofes ein völlig neues Aussehen bekommen.

Feriendomizil, Projektschmiede und Kunsttempel

Oben: Die Stuben im Wohnhaus der Mühle in Langenchursdorf sind schmuck und komfortabel und bieten mit vielen liebevoll erhaltenen Details das besondere Flair eines jahrhundertealten Hauses. Die ehemals kleinen Mühlenfenster sind durch größere Sprossenfenster ersetzt worden. Der Steinfußboden in der Stube im Erdgeschoss ist beheizbar. Komfortable Ledermöbel laden zum behaglichen Verweilen ein. Mit Achtsamkeit und Geschmack haben die Eigentümer das schöne alte Haus zu einem stilvollen Heim umgestaltet.

Mühle der Familie Doege in Langenchursdorf

Auf der Suche nach dem passenden Heim waren Maria und Karsten Doege auf die alte Mühle in Langenchursdorf bei Waldenburg gestoßen. Die damalige Besitzerin hatte den alltäglichen Mühlenbetrieb bis zum Jahr 1994 aufrechterhalten und wusste von der Kaufabsicht der beiden Lehrer. So kam es, dass die Pädagogen für Bio und Chemie Mühlenbesitzer wurden und von der Großstadt aufs Land zogen. In zwei Zimmern wohnten sie zunächst mit ihren Kindern, um von da an Haus und Hof um- und auszubauen. Maria Doege blieb zunächst berufstätig. Karsten Doege wurde für die nächsten sechs Jahre Baumeister und widmete sich der Sanierung des großen Wohnhauses mit technischem Denkmal. Es war vor allem der Reiz, sich auf eine ungezwungene und kreative Art zu verwirklichen und neben dem Leben in historischem Ambiente auch Möglichkeiten für pädagogische Projektarbeit zu schaffen. Das alte Wasserrad wurde wieder in Betrieb genommen, das noch gut erhaltene Mühlengebäude saniert und hergerichtet, das Wohnhaus um- und ausgebaut.

Die letzte Müllerin blieb im Haus wohnen und konnte jeden kleinen Fortschritt der Doeges verfolgen. Ihnen ist jener Spagat gelungen, das schöne Anwesen möglichst unverfälscht zu belassen und es doch so komfortabel herzurichten, dass es modernen Wohnansprüchen gerecht wird. Wein rankt an Bruchsteinen und Fachwerk empor und taucht das Hausinnere in grünes Licht. Kunstwerke von Freunden schauen aus dem Blattwerk heraus. Wer in den Hausflur tritt, bestaunt schöne alte Kacheln und geht nach links in einen Gewölberaum, der das ehrwürdige Alter des Hauses erahnen lässt. Direkt gegenüber liegt die Stube, die mit hölzernen Sprossenfenstern und -türen sowie einer stilvollen Möblierung fast schon herrschaftlich anmutet. Offenes Wohnen ist selbstverständlich, der Steinfußboden ist beheizbar, eine Essecke grenzt an, die direkt in den Küchentrakt mündet. Überall laden frische Farben und ausgewählte Stücke zum Schauen und Verweilen ein. Nicht minder reizvoll ist ein Gang durch die oberen Stuben, die vermietet sind oder als Gästezimmer genutzt werden. Eine bis in die Dachspitze offen gebliebene Balkenkonstruktion macht das Wohnzimmer des Mieters zu einem Refugium der besonderen Art. Das absolute Prunkstück aber ist das zur Mietwohnung gehörende Bad mit ägyptischen Fliesen und kupfernem Badeofen, der als solcher auch in Betrieb genommen wird (folgende Seiten). Die Liebe zum Detail ist in allen Räumen erkennbar.

Wie einst geplant, ist die Mühle Langenchursdorf heute ein offenes Haus, in dem nicht nur Mieter und Feriengäste leben, sondern das ganze Jahr über auch Projekte mit Kindern stattfinden. Das Mühlengebäude kann für Veranstaltungen gemietet werden. Lesungen, Theater, Konzerte oder Ausstellungen finden statt. Auch für Plenairs und künstlerische Workshops steht sie offen.

Oben und unten: Die Mühle der Familie Doege in Langenchursdorf ist heute technisches Denkmal und Wohnhaus zugleich. Dem gegenüber liegt das Herz des Anwesens mit Wasserrad und noch bestens erhaltenem Mahlwerk. Bis 1994 war die Getreidemühle in Betrieb, lebten die Müller in Haus und Hof. Heute wohnen neben den Eigentümern auch Mieter und Feriengäste im Haus, finden vor Ort Projekte, Vernissagen und Lesungen statt.

Links: Neben der Stube im Erdgeschoss liegt die Essecke. Ausgesuchtes Mobiliar verleiht dem Raum ein authentisches Flair. Hölzerne Sprossenfenster geben den Blick in den Mühlengarten frei, in dem die Eigentümerin Kräuter und Blumen angepflanzt hat.

Unten: Mit einem kräftigen Rot der Küchenwände nebenan ist ein kontrastreicher Akzent zu den vorherrschenden Blau- und Grüntönen gesetzt worden. Die geöffnete Tür gibt einen reizvollen Blick auf eine Bruchsteinmauer mit Holztür und die im Original erhaltenen Kacheln im Hausflur frei.

Gegenüber: Im Dachgeschoss wohnt heute ein Mieter, der das stilvolle Ambiente genauso gern mag. Bis in die Dachspitze ist der Raum offen und großzügig geblieben. Prunkstück der Wohnung ist das Bad mit Kronleuchter, ägyptischen Fliesen und kupfernem Badeofen (folgende Seite).

Folgende Seite rechts: Ein Kreuzgewölbe, unter dem heute die Gäste frühstücken, verrät das Alter der Mühle, die 1564 erstmals urkundlich erwähnt wurde.

Gutshof für die feine Lebensart

Oben: Blick in den beeindruckenden Gutsherrensaal des Erlebnisgutes in Spickendorf. Eigentümer des Anwesens sind Monika und Harry Häder. Mit einer eigenen Vision und viel Engagement haben sich die promovierte Lehrerin und der Ingenieur unweit der A9 in jahrelanger Arbeit ein Refugium auf dem Lande erschaffen, in dem man stilvoll einkaufen, speisen und feiern kann. Laternen unter dem großen Tonnengewölbe erhellen den großen Raum. Holzstühle stehen an endlos langen Tafeln. Fotos an den Wänden erzählen von der wechselvollen Vergangenheit des Hauses.

Rechts: Ein feines Porzellan mit Rosendekor aus der großen Auswahl des Hauses inspiriert zum Decken einer großen Kaffeetafel.

Erlebnisgut der Familie Häder in Spickendorf

Im kleinen Ort Spickendorf, nur wenige Kilometer von der A9 entfernt, haben Monika und Harry Häder ein Refugium für die feine Lebensart geschaffen. Geschirr, Glas, Keramik, Möbel, Lampen, Gartenaccessoires und dekoratives Interieur sind auf dem großen Areal mit Garten, Scheune, Stallungen und Gutshaus zu finden. Zudem haben die Eigentümer auf dem imposanten Gut eine Vinothek, einen Gutsherrensaal, einen Garten und eine Bauernschänke entstehen lassen.

Dabei war der Anfang alles andere als leicht. Mit einem Lkw tourten die promovierte Lehrerin und der Ingenieur durch die Lande, um ihre Keramiken zu verkaufen. Drei Jahre benötigten sie, um das passende Ambiente für die dekorativen Stücke zu finden und einen Kredit für ihr Projekt zu bekommen. Als sie dann die alte Scheune in Spickendorf erwarben, gab es darin weder Strom noch Wasser. Die Fußböden waren mit Altöl verschmutzt und das Dach war kaputt. Eigentlich war das Bruchsteingebäude eine Ruine. Bis zum Eigentümerwechsel waren im Haus nur noch Landmaschinen untergestellt worden.

„Alles hat sich aus sich selbst heraus entwickelt", so Monika Häder über das große Projekt. Die Banken reagierten zunächst verständnislos, als die Häders ihre Kaufabsichten mitteilten. Doch die ließen sich nicht beirren. Müll und Schutt wurden entsorgt, Trennwände gezogen, die Böden geschrubbt, Strom verlegt, Regale installiert. Schritt für Schritt entstand aus dem hässlichen Entlein ein stolzer Schwan mit einem schönen großen Verkaufsraum.

Doch damit sollte das Projekt noch nicht abgeschlossen sein. Durch Zufall standen nach der Sanierung auch noch das Außengelände und die angrenzenden Gebäudeteile zum Verkauf. Die Eigentümer nutzten die Gelegenheit zur Erweiterung und ließen in den darauf folgenden Jahren ein Refugium der feinen Lebensart entstehen, das in der Region seinesgleichen sucht. Auf 3500 Quadratmetern gibt es heute wunderschöne Keramiken, Glas, Porzellan, antikes und modernes Interieur sowie unzählige Ideen für eine gelungene Gartengestaltung. Im einstigen Pferdestall des Gutshofes wurde eine Bauernschänke eingerichtet, so dass vom Schauen müde gewordene Gäste sich vor Ort stärken können. Wer im Freien speist, hat auf diese Art einen schönen Ausblick auf den Bauerngarten, der gleich nebenan mit passendem Interieur inspiriert. Im neuen Gutsherrensaal gegenüber können nach Anmeldung auch große Personengruppen feiern.

Oben: Mit seiner schmucken Fassade aus Sichtziegeln ist das Seitengebäude des Gutshofes typisch für die Region. Im Inneren ist der der große Gutsherrensaal untergekommen (linke Seite). Verglaste Türen bringen Licht ins Rauminnere. Ländliches Interieur, Keramiken und Palmen verleihen dem Gutshausgarten ein mediterranes Flair.

Unten: Ein Meer blühender Rosen, dekorative Pflanzsäulen, Skulpturen und Brunnen inspirieren Besucher zu einer individuellen Gartengestaltung.

Linke Seite: Blick in die Bauernschänke, für die der frühere Pferdestall des Gutes in Spickendorf um- und ausgebaut worden ist. Der besondere Charakter des Raumes wird von imposanten Tonnengewölben bestimmt. Eiserne Stützpfeiler und Stahlträger sind farblich passend zum Dunkelgrün der Fenster gestrichen. Wildschweinfelle, hölzernes Gestühl, eiserne Leuchter und Zeitfenster mit Bruchsteinen sorgen für die passende Atmosphäre.

Oben: Antike Schränke wie diese Anrichte mit Schnitzereien und Bleiglas passen perfekt in die Keramikscheune mit Bruchsteinmauern und sind mit feinem Porzellan bestückt. Jedes Stück der Ausstellung gibt zugleich Anregungen für die eigene Einrichtung zu Hause.

Gastlichkeit und Hilfe in schwierigen Lebenslagen

Oben: Der Fachwerkhof Klosterbuch ist ein offenes, gastfreundliches Refugium für Feriengäste und Leute, die Hilfe brauchen. Die Küche ist Treffpunkt für Familie, Freunde und Gäste. Der komplett verglaste Giebel gestattet einen Panoramablick in die Landschaft an der Mulde. Ein Kamin bringt an kalten Tagen behagliche Wärme in den großen Raum. An der Kücheninsel können mehrere Leute kochen und miteinander plauschen, ohne dass man sich „ins Gehege kommt".

Rechts: Blick in eines der liebevoll eingerichteten Gästezimmer im Fachwerkhof Klosterbuch. Helle frische Farben sorgen für gute Laune. Wer hierher kommt, kann die Ruhe und Beschaulichkeit des Landlebens genießen und kann sich ganz auf sich selbst besinnen.

Fachwerkhof der Familie Pohl-Roux in Klosterbuch

Elsbeth Pohl-Roux und Jürgen Pohl lieben es, in der Natur unterwegs zu sein. Ein Umstand, der die Süddeutsche und den Sachsen vor Jahren zusammengeführt hat. Beim historischen Besiedlungszug des Mittelsächsischen Kultursommers lernte sich das Paar kennen und heiratete Monate später im Zisterzienserkloster Buch. Eine Verbindung, die von sich reden machte, weil bei der romantischen Hochzeit das ganze Dorf zugegen war. Dem Kloster direkt gegenüber liegt das heutige Zuhause des Paares, ein Fachwerkhof, der den vielfältigen Ambitionen der Eigentümer gerecht wird. Ein schmuck saniertes Kulturdenkmal, das romantische Ferienzimmer, Vereinsräume und soziales Engagement vereint. Wer hier ankommt, bleibt zum Plausch oder als Feriengast oder bekommt Hilfe in schwierigen Lebenslagen.

Das Hofleben ist authentisch. Es gibt sonnengetrocknete Handtücher, frische Eier vom Haushuhn, Beköstigung von Direktvermarktern und Quellwasser von der nahegelegenen Maylust. Letztere kann auch „erwandert" werden und bietet einen wunderbaren Ausblick auf den Fachwerkhof. Brot wird nicht weggeworfen, sondern als „Schokolade für die Pferde" gesammelt. Wer frische Küchenkräuter liebt, kann sich im Hausgarten auch selbst bedienen. Vom Hof aus sind es nur wenige Kilometer zur Burg Mildenstein in Leisnig. Der landschaftlich reizvolle Mulderadweg führt am Haus vorbei. Wer nicht mit dem Drahtesel fahren möchte, kann sich von Jürgen Pohl auch mit der Kutsche fahren lassen. Wer mag, mietet die passende historische Gewandung gleich mit. Eine Heimstatt ist der Hof aber auch für all jene geworden, die Hilfe und Unterstützung in schwierigen Lebenslagen benötigen. Der von hier aus gegründete soziale Förderverein „Be-Greifen" sorgt dafür, dass Menschen mit Behinderung wieder ins Alltagsleben integriert werden. Chronisch Kranke bekommen Hilfe bei der Suchtentwöhnung. Daneben ist der Fachwerkhof auch ein Archehof. Kaltblutpferde und Heidschnucken werden gezüchtet. Vom Aussterben bedrohte Tierarten bekommen ein neues Zuhause. Nicht zuletzt ist das Ensemble auch eines, das mitten im Landschaftsschutzgebiet steht. „Sorgfältiger Umgang mit Wasser und Energie ist besonders wichtig", erklären die Gastgeber.

Oben: Ein über und über mit weißen Rosen bewachsener Eingang lädt ins Hausinnere ein.

Unten: Blick ins Rosenzimmer des Fachwerkhofes. Früher war der Raum das Schlafzimmer der Gastgeber, die in Klosterbuch auch selbst geheiratet haben.

Linke Seite: Romantische Hauswand mit Kletterrose am Fachwerkhof und Blick auf den Eingang zum Wohnhaus der Familie. Tipp der Hofeigentümerin: Mit Pferdeäpfeln und Kupfer gedeihen Kletterrosen am besten. Dass jede verblühte Rose zugunsten einer neuen Blüte abgeschnitten werden muss, ist ein Irrglaube. Hagebutten sehen im Herbst nicht nur schön aus, sondern tragen auch zur Blühfreudigkeit bei.

Rechts: Zeitreise durchs Muldental. Carolin aus Leipzig und Sami aus Halle haben als Gäste des Fachwerkhofes in historischen Gewändern an einer romantischen Kutschfahrt teilgenommen.

Unten: Getränke sowie frisch gebackenes Brot mit Nüssen und Früchten, Obst und Eier werden herumgereicht. Auf den langen Fahrten, die früher teilweise viele Stunden andauerten, war deftige Wegzehrung für die Reisenden wichtig.

Folgende Seiten: Historische Postkutsche mit Kutscher zum Tag des offenen Denkmals. Aus besonderem Anlass wurde das nostalgische Gefährt mit dem Namen „Berlin Coupé" von einer Eigentümerin aus Bad Düben ausgeliehen.

Klein, fein und mein

Mit viel Fleiß und Geschick hat eine junge Familie aus Nordsachsen in einer Rekordzeit von wenigen Monaten ein kleines gemütliches Bauernhaus zum behaglichen Refugium umgebaut. Eigentlich hatten sie nach einer Wohnung gesucht. Durch Zufall stießen der Maschinenbauer und die Hausfrau auf das Angebot der Newland-Immobilienmaklerin Ingrid Rothe. In Haus und Hof ist fast alles in Eigenleistung saniert und umgebaut worden. Entsprechend preisgünstig und sorgenfrei kann das neue Zuhause nun auch genutzt werden.

Wo einst der Oberboden mit Stauraum war (oben), ist ein kleines romantisches Schlafzimmer entstanden. Die Spitze des Dachbodens mit den alten Deckenbalken ist offen gelassen worden. Im Erdgeschoss befindet sich neben der hellen behaglichen Wohnstube ein Bad und die Küche. Die ehemals dunkle Küche wird heute durch den zusätzlichen Einbau einer Glastür von Sonne durchflutet.

Kleines Bauernhaus der Familie Werner aus Wiesenena

Rechts: Die Newland-Immobilienmaklerin Ingrid Rothe vermittelt vor allem alte Immobilien, die besonders charmant und in erster Linie erschwinglich sind.

Unten links: Blick in die behagliche Stube der Familie Werner in Wiesenena. Junges Leben ist ins kleine Bauernhäuschen eingezogen.

Unten rechts: Das Kinderzimmer im ersten Stock ist bis in die Dachspitze geöffnet, großzügig und hell.

Nicht jeder ist bereit und in der Lage, ein Vermögen fürs eigene Zuhause zu zahlen. Umdenken ist angesagt, wenn das Budget begrenzt ist. Eine passende Alternative für junge Familien kann ein kleines Zuhause sein, das von den Eigentümern in Eigenleistung um- und ausgebaut wird. Familie Werner aus Wiesenena bei Wiedemar hat vorgemacht, wie schnell und unkompliziert dies in der Praxis funktionieren kann. An Weihnachten 2009 kaufte das engagierte Paar mit Kind ein kleines Bauernhaus, um schon wenige Wochen danach auch hineinzuziehen. Die Spontanaktion hat sich gelohnt. In den ehemals kleinen dunklen Stuben ist in kurzer Zeit ein helles modernes Zuhause entstanden. Im Erdgeschoss haben die Eigentümer mit einer Glastür Licht in die Küche und die Natur ins Haus geholt. Moderne Möbel und frische Farben sorgen für gute Laune. Eine kleine Treppe führt nach oben, wo Schlafraum, Kinderzimmer und ein zweites Bad ausgebaut worden sind.

Wer wie Familie Werner in eine alte Immobilie investiert, muss vor allem wissen, was er will, damit das Projekt nicht zum „Fass ohne Boden" wird. Die Newland-Immobilienmaklerin Ingrid Rothe vermittelte die Bestandsimmobilie. Nicht alle Häuser verkaufen sich so gut wie die hübsche und preisgünstige Neubauernstelle. Gespür für Menschen und deren Interessen ist gefragt, um Haus und Käufer zeitnah zusammen zu bringen, verrät die Delitzscherin.

Das Herz der Maklerin schlägt für alte Immobilien. Ihr gelang es unter anderem, ein Mühlengebäude in Wölkau an neue Eigentümer zu vermitteln. Wir berichteten bereits in unserem Band „Hausgeschichten Lebens(t)räume, Lebensart" darüber. Ingrid Rothe hat mit dem Verkauf so lange gewartet, bis die „Richtigen" kamen. Sie freut sich, dass nun die Mühle und vor allem das alte Mahlwerk möglichst authentisch saniert wird und erhalten bleibt.

Wohnideen, Kunsthandwerk und Interieur

Kunst in den Alltag bringen

Oben: Blick in die Wohnstube der Familie Lakomczyk aus Magdeburg. Eine ungewöhnliche Balkenkonstruktion und ein kunstvolles Deckenmosaik verleihen dem Raum eine individuelle Note.

Rechts: In Tadelaktputz, der altrosa eingefärbt wurde, sind Badewanne, Toilette und Bidet eingefasst. Die Vielseitigkeit des Tadelaktes und die Kunstfertigkeit des Handwerkers machen eine solch ausgefallene Gestaltung ohne herkömmliche Fliesen und Fugen möglich.

Wohnraumveredlung Heinrich in Magdeburg

Ob Deckenmosaik, Kochtopflampe oder Designerwaschbecken: Alles ist auf irgendeine Art besonders in der Wohnung von Familie Lakomczyk aus Magdeburg (rechts). Der Familienvater und Wohnraumdesigner Phillipp Heinrich Lakomczyk ist nicht nur ein begabter Handwerker, sondern auch ein kreativer Geist, der sich oft und gern inspirieren lässt: Von einem Auslandsaufenthalt in Nordirland oder besonderen Projekten, wie der „grünen Zitadelle", einem Hundertwasserbau, an dem der Fliesenleger längere Zeit mitgearbeitet hat.

Seitdem hat sich in der Denkweise des Handwerkers und Wohnraumdesigners viel geändert. Werkstoffe kann man auch ganz anders als auf die herkömmliche Art verarbeiten, ist er sicher. Besondere Mosaike gehören zu Lakomczyks Repertoire. Für die Wohnraumgestaltung setzt er natürliche Baustoffe wie Lehm, Kalk, Baumwollputze, Holz, Natursteine oder Tadelakt ein. Aber auch künstliche Baustoffe sind geeignet, die ohne Zusatz von Chemikalien hergestellt werden und natürliche Rohstoffe enthalten, wie beispielsweise Glas, Fliesen oder Metall, die er wahlweise kombiniert. Dabei gibt es kaum einen eigenen Wohnraum, den Lakomczyk nach eigenen Ideen nicht schon völlig neu konzipiert und umgestaltet hat. Er ist sicher, dass sich Funktionalität und Einzigartigkeit nicht ausschließen müssen. Oft sind es zufällige Vorgaben des Werkstoffes oder auch Inspirationen aus der Natur, die zu einer ganz bestimmten Problemlösung führen. Eichendachlatten vom Schweriner Dom avancieren auf diese Art schon mal zum Designer-Sitzmöbel. Ein hohler Baumstamm wird zur Wanne. Alte Blechblasinstrumente bekommen ein zweites Leben als originelle Lampen.

Sind Räume originell und gesund, so steige ohne Zweifel die Lebensqualität und man fühle sich wohler. Das wirke sich auf sämtliche Bereiche des Lebens aus. Somit kann man, wenn man Wohnräume gestaltet, auch von Lebensveredelung sprechen, sagt er. Viele Arbeitszimmer, Büroräume, Partyräume, Gaststätten, Hotelzimmer, Theken, Therapieräume in Magdeburg und Umgebung tragen mittlerweile seine Handschrift.

Oben: Natürliches, gesundes und ästhetisches Wohnen ist Familie Lakomczyk aus Magdeburg besonders wichtig. Neue Ideen der Wand- und Möbelgestaltung des Handwerkers und Wohnraumdesigners fließen immer auch in das eigene Zuhause ein.

Unten: Lakomczyks Waschbecken erinnern an Formen in der Natur und sind eigens für den Raum aus Tadelakt hergestellt worden. Der Baustoff erlaubt eine individuelle und natürliche Farb- und Formgebung. Tadelakt ist ein spezieller Kalkputz aus Marokko. Die Materialart ist seit der Antike bekannt, geriet in Europa in Vergessenheit und erlebt heute eine Renaissance. (* Erklärung folgende Seiten)

Links oben: Nach den Wünschen eines Kunden hat der Wohnraumdesigner eine Küche mit Holz und Rottönen gefertigt. Der Goldton der Deckenhölzer und ein leuchtendes Zinnoberrot bringen Energie und Kraft hinein. Direkt am Stützbalken ist die Kücheninsel installiert worden. Die Türen und Wände der gemauerten Schränke sind in das Form- und Farbkonzept integriert worden. Wände und Aufmauerungen wurden mit Lehmputz verkleidet, bestechen durch ihre besonderen weichen Rundungen und den homogenen Gesamteindruck.

Linke Seite unten: Wie in alter Zeit ist diese Küche aus Klinkern gemauert worden. Das warme Ziegelrot gibt den Farbton an. Komplettiert worden ist das Ensemble mit Balkenregalen und rustikalen Holztüren, die mit eisernen Beschlägen und passenden Griffen versehen worden sind. Die Spüle ist in die gemauerte Arbeitsplatte integriert worden. Unter einem Rundbogen hat das Weinregal seinen Platz bekommen. Mit Holzbalken ist auch das Fenster eingefasst worden. Ein hoher gemauerter Schrank sorgt für zusätzlichen Stauraum. Der warme Ton der Fußbodenkacheln komplettiert das Wohnerlebnis.

Rechts: Wie alle anderen Räume auch können Bäder kunstvoll in Szene gesetzt werden. Besonders vorteilhaft ist es, wenn künstlerische Ambitionen und natürliche Werkstoffe miteinander verbunden werden. Die Wandgestaltung wird durch raue Hölzer am Spiegel und Waschtisch ergänzt. Elemente wie die Amphoren mit eingelassenen Drehstrahlern und die zum Waschbecken passenden Tontöpfe mit Seifenspender verleihen dem Ensemble ein mediterranes Flair. Messingwasserhähne runden die individuelle Gestaltung ab.

* Die Bezeichnung "Tadelakt" ist vom arabischen "dellek" abgeleitet (kneten, drükken) und bezieht sich auf die Vorbereitung des Materials zur Verarbeitung. Originalen Tadelakt findet man nur an einem einzigen Ort auf der Welt: In Marrakesch. Er kann nach dem Brennen und Löschen ohne Zuschläge wie Sand oder Körnung sofort verarbeitet werden.

Die Herrin des „Stoff-Towers“

Oben: Nähen und Gestalten mit schönen Textilien ist wieder in, wie die Inhaberin des Stoffekontors Leipzig aus Erfahrung weiß. Wer selbst auswählt, schlägt gleich mehrere Fliegen mit einer Klappe, kann den richtigen Schnitt, das perfekte Material und die optimale Farbe bestimmen. Sogar aus der Schweiz kommen die Frauen heute hierher, um sich aus dem Riesensortiment des Stahmelner Unternehmens die passenden Gewebequalitäten und Farben auszusuchen. Mit der richtigen Wahl der Dekoration und etwas Geschick kann das Zuhause in kurzer Zeit ein völlig neues Ambiente bekommen. Und auch das eigene Outfit avanciert mit ein paar Tricks und Kniffen der Angestellten im Nähkurs schon in kurzer Zeit zur angesagten Designergarderobe.

Stoffekontor von Anja Küthe im Leipziger Stadtteil Stahmeln

Anja Küthe (oben) hat ihre Liebe zum Nähen und zu schönen Textilien zum Beruf gemacht. Eigentlich hat die Inhaberin des Stoffekontors im Leipziger Stadtteil Stahmeln ein Examen als Juristin. Doch die Leidenschaft fürs kreative Gestalten mit Textilien war stärker als die Intention, Mandanten zu ihrem Recht zu verhelfen. So betreibt die Mutter dreier Töchter heute keine Anwaltskanzlei, sondern einen der größten Stoffläden Ostdeutschlands, der wegen seiner Ausmaße und der Lage von Vertretern schon mal der „Stoff-Tower" genannt wird. Und da sie alles, was sie macht, mit Hingabe betreibt, hat sich nicht nur das Examen gelohnt, sondern auch der Stoffvertrieb mit den Jahren zum äußerst erfolgreichen Unternehmen gemausert. Effizient ist dabei auch der Handel übers Internet, mit dem die geschäftstüchtige Inhaberin per Newsletter stets auf Neuheiten hinweist und ausgewählte Stoffe ins Ausland exportiert. Vier Angestellte gibt es heute im Unternehmen, das auf 400 Quadratmetern in der vierten Etage eines Bürogebäudes untergekommen ist. Hunderte von Stoffballen stapeln sich in hohen Regalen. Moderne Nähmaschinen stehen zum Üben für Kursteilnehmer und zum Verkauf bereit. Komplettiert wird das breite Spektrum mit den passenden Garnen, Knöpfen, Bändern und jeglichen Accessoires. Es sind vor allem qualitativ hochwertige und natürliche Gewebe, welchen Anja Küthe ganz bewusst den Vorzug gibt. Und es sind Stoffe in fast allen Nuancen, die sie anbietet, damit auch wirklich jede Besucherin das passende Sujet für die eigene Wohnung oder für ein neues Kleidungsstück findet. Wie auch anderswo sind die Grenzen fließend, die Ideen vielfältig. Wer Rat und Hilfe sucht, kann sich bei den Frauen, die allesamt selbst nähen, die entsprechenden Tipps holen. Ein Augenschmaus für Freunde der natürlichen Farben und Formen sind insbesondere die Baumwollstoffe, welche die Leipzigerin in fast allen Farbschattierungen auf Lager hat (folgende Seiten). Zunehmend achtet sie darauf, dass Fasern ökologisch angebaut und hergestellt worden sind und auch die Verarbeitung umwelt- und sozial verträglich vonstatten gegangen ist.

Lavendel- oder Blumenmuster lehnen sich direkt an die Naturvorlage an. Viele Motive, die von Designern erdacht und kreiert worden sind, haben ihren Ursprung in Dingen des Alltags. Besonders angenehm und zeitlos wird empfunden, wenn sich auf dem Gewebe natürliche und organische Farben, Formen und Strukturen widerspiegeln. Der Kombinationsfreude sind dabei keine Grenzen gesetzt.

Mit etwas Geschick lässt sich das eigene Heim in ein völlig neues Refugium verwandeln. Sessel, die abgenutzt sind, aber gerade deshalb geliebt werden, können mit einer Husse (einem Überzug aus Stoff) zu ganz neuem Leben erweckt werden. Gewählt werden sollte dafür ein festes, dichtes Gewebe, um der späteren Beanspruchung gerecht zu werden. Einfach alle Flächen einzeln und sorgfältig mit Zeitungspapier abnehmen, die Schnitte auf den Stoff übertragen, mehrere Zentimeter Rand zugeben, die Teile ausschneiden, zusammen nähen und die Ränder absäumen. Eine passende Tischdecke, Kissen und Fenstervorhänge verzaubern jeden Raum und lassen je nach Motiv, Farbe und Gewebe einen völlig neuen Stil entstehen. Im Trend liegt es heute auch, Blumenmuster mit Karos und Streifen zu kombinieren. Wichtig dabei ist jeweils, dass mindestens eine Grundfarbe in allen Motiven wiederkehrt, damit die einzelnen Flächen oder Stücke noch miteinander korrespondieren.

Leuchtend bedruckte Baumwollstoffe sind – wenn das Muster passt – aber auch hervorragend für atmungsaktive Sommerkleidung geeignet. Der passende Schnitt kann aus einem der Kataloge ausgesucht werden. Wer noch nicht so große Erfahrungen mit dem Nähen hat, sollte mit einfachen Schnitten und Formen beginnen.

Wohnideen für drinnen und draußen

Oben: Gartenaccessoires von „abitare" in Markkleeberg. Eine Kugel aus Teakholz und ein passender Topf setzen eine Gartenecke in Szene. Durch einen Spiegel mit Sprossen werden zudem schöne Ein- und Ausblicke eingefangen.

Rechts: Leuchter, Korbstuhl oder Outdoor-Stehlampe sind passendes Interieur für das Wohnzimmer im Freien, das in der wärmeren Jahreszeit auch durchaus draußen eingerichtet wird und wahlweise gemütlich, verspielt oder auch edel ausgestattet sein kann.

„abitare“ in Markkleeberg

Andreas Wiener, der das Malerhandwerk erlernt hat, ist der „Mann fürs Dekorative“. Zusammen mit seiner Geschäftspartnerin und Unternehmerin Eva Pröckl hat er den Laden „abitare“ gegründet. Ein Traum, mit dem der kreative Handwerker jahrelang umging. Handwerk mit Design zu verbinden, war dann auch das Anliegen der Firmeninhaber. Von „abitare“ werden vor allem die größten Flächen im Wohnbereich gestaltet. Hochwertige Spachteltechniken sind derzeit im Trend, weil kaum ein Materialmix wandlungsfähiger ist und den individuellen Geschmack der Bewohner besser zum Ausdruck bringen kann. Andreas Wiener schafft meist ein Grundthema, das sich im übrigen Raum fortsetzen sollte. In vielen Schichten werden farbige Pulver aufgespachtelt und verdichtet. Das Ergebnis ist verblüffend. Die Wandflächen glänzen und sind von echtem Marmor kaum zu unterscheiden (Foto oben).

Neben dem passenden Interieur für drinnen gibt es auch individuelle Stücke für das „Wohnzimmer im Freien“ (linke Seite). Kugeln, Töpfe, Leuchter, Lampen oder besondere Stühle unterteilen Flächen, setzen Themenschwerpunkte und lassen hier und da gemütliche Ecken entstehen, an denen man sich besonders gern aufhält.

Oben: Mit Spachteltechnik in Pastellfarben wird der weiße Kamin zum individuellen Blickpunkt im Raum. Wahlweise kann ein solcher Platz mit den passenden Accessoires dekoriert werden.

Unten: Heller Strukturputz sieht aus wie Marmor und lässt Wandflächen edel wirken. Eine Dekorationsvariante, bei der verschiedene Weißtöne gemischt werden, verstärkt den luxuriösen Stil.

Von der Harmonie der Gegensätze

LebensArt P. Hildebrand

Linke Seite: Eine Truhe der Künstlerin Petra Hildebrand, die sie mit einem Mosaik verziert hat.

Diese Seite unten: Mosaik von Petra Hildebrand mit dem Titel „Loie Fullers Tanz unter der Himmelsscheibe".

Oben und unten: Petra Hildebrand selbst mit einem Schmuckstück aus ihrer Kollektion. Edle Materialien werden von der Jenaerin zu natürlichen Formen umgearbeitet und mit kontrastierenden Accessoires versehen.

Mosaike wie jene von Hundertwasser oder Gaudí sind für Petra Hildebrand etwas Sinnliches. Fantasien und Gefühle spiegeln sich in ihnen wider. Die kreative Frau aus Jena hat eigentlich einen technischen Beruf erlernt. Umso mehr genießt sie es heute, selbst mit Formen, Farben und Materialien zu experimentieren. So gibt es kaum einen Gegenstand, den sie nicht gern einer ganz eigenen Verwandlung unterzieht. Tische, Wände, Truhen, Vasen und Figuren erhalten mit den Splittern aus Glas und Keramik eine neue Oberfläche. Märchenhaft muten sie an, in vielfachen Farbschattierungen schillernd und glänzend.

Der große Traum der Künstlerin ist es, riesige schmuckfreie Wände mit Mosaikbildern zum Leben zu erwecken. Sie will mit ihren Arbeiten Seelen berühren. Gegensätze spielen dabei eine wesentliche Rolle: Dort, wo Kühle herrscht, schafft sie Wärme, starre Formen lösen sich auf in fließende, denn Gegensätze sind für sie selbst erst der Beginn der Harmonie. Jedes Stück, das sie fertigt, hat ein besonderes Thema. Wie eine Truhe, die den Namen einer schwer erkrankten Freundin bekommen hat. „Nach einem Unfall wurde sie mehrfach operiert. Bei meinen Besuchen in der Klinik fühlte ich mich hilflos. Ich sah, dass aus einer jungen schönen Frau ein kleines schmales kraftloses Mädchen wurde. So kam es, dass ich ihr bei jedem Steinchen, das ich klebte, viel Kraft und eine gute Genesung wünschte", erzählt Petra Hildebrand. Allein der Truhendeckel beinhaltet ca. 2000 Mosaiksteinchen.

Neben Mosaiken stellt Petra Hildebrand auch Schmuck her (unten). Aus alltäglichen Dingen entstehen dabei – wie bei den Mosaiken auch – ganz neue Formen.

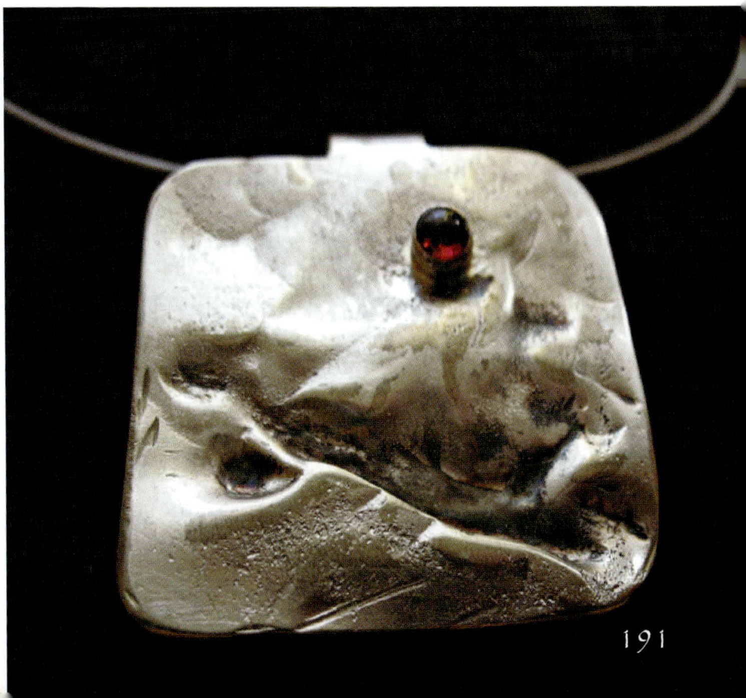

Nach schönen alten Dingen stöbern

Oben: Wie ein Arbeitszimmer aus längst vergangenen Tagen mutet die Schreibtischecke mit Globus, Lampe und Bild an. Ines Sturm aus Dresden hat ihre „Rumpelkammer" thematisch eingerichtet. Zigtausende von Dingen sind am Hafengelände in der Leipziger Straße zu finden.

Rechts: Neben Möbeln und Lampen finden Liebhaber alter Dinge auch Geschirr oder Silberbesteck, die passenden Decken mit Lochmuster oder antike Kerzenleuchter.

Die „Rumpelkammer“ in Dresden

Wer weiß schon, wie selten ein Tabaksdöschen aus dem 18. Jahrhundert ist, wenn es sich zusammen mit anderem Trödel verschmutzt und unansehnlich in einer alten Pappkiste herumtreibt? Ines Sturm (rechts oben) kennt sich aus. Sie hat ein solches mit holländischer Inschrift in vermeintlich wertlosem Zeug gefunden und sich gefreut, denn in Sammlerkreisen ist es mehrere tausend Euro wert, gibt die 32-jährige Händlerin preis.

Ines Sturm, die den Antikhandel heute mit ihrem Lebensgefährten führt, weiß genau, wo etwas steht, obwohl das für Besucher angesichts der Fülle an Dingen kaum möglich scheint. Möbel, Lampen, Kleidung, Geschirr und anderes Interieur liegen, stehen und hängen in den Fachwerknischen und -winkeln der ehemaligen Teppichfabrik. Ohne ein besonderes Faible zu schönen alten Dingen wäre ein solcher Überblick nicht möglich. Die Dresdnerin hat schon als Kind gern im Keller, auf dem Dachboden, in Schränken und Truhen gekramt und ist selbst antik eingerichtet. Sie verändert ihr Zuhause schon mal spontan, wenn sie ein neues antikes Möbel hereinbekommen hat.

Eigentlich hat die junge Mutter eines Zwillingspärchens den Beruf Zahntechnikerin gelernt. Doch vor Jahren kam das Faible des Antikhandels mit einem holländischen Partner zu ihr. Den ehemaligen Partner gibt es nicht mehr, den Antikhandel schon. Die rührige Dresdnerin übernahm den reichhaltigen Fundus und den Namen des Unternehmens in der Leipziger Straße von ihrem Ex, denn sie liebt ihren kreativen und interessanten Job und hat mittlerweile zigtausende besonderer Waren in ihrem Speicher im Hafengelände stehen. Das Gros stammt aus Haushaltauflösungen. So wertvolle Dinge wie die Tabaksdose werden immer seltener, der Markt ist abgegrast, erzählt sie. Umso besser, wenn man sich auskennt und zur Expertin wird. Mit den Jahren weiß sie nicht nur, wie alt ein Stück ist und aus welcher Epoche es stammt, sondern auch wie man es repariert.

Oben: Die Betreiberin des Antikhandels liebt seltene und ausgefallene Dinge wie diese „ewigen Zündholzer“, die nie wirklich in Serie produziert worden sind, mit Petroleum gefüllt und mit einem Docht und Reibfläche ausgestattet waren und in Kneipen gern zum Anzünden von Zigaretten oder Zigarren verwendet wurden.

Unten: Unter der Holzdecke und an Fachwerkwänden des großen Hafenspeichers kommt das schöne alte Interieur gut zur Geltung. Ganz besonders erfolgreich ist die Antikhändlerin mit dem Sammeln schöner Lampen, die überall im Raum von der Decke herabhängen. Beim Exemplar auf der Vitrine mit rundem geschliffenem Kristallfuß und Stoffschirm handelt es sich um ein Modell, wie es Anfang des 20. Jahrhunderts auf dem Markt war.

Textile Kunstwerke

Oben: Zum Spinn- und Filzfest zeigten die Teilnehmerinnen neben aktuellen Techniken auch traditionelles Handwerk wie das Spinnen von Wolle.

Gegenüberliegende Seite rechts oben: Aus Filz und Seide entstehen filigrane Strukturen, die sowohl im Fenster, als auch in der Raummitte gut zur Geltung kommen.

Gegenüberliegende Seite unten rechts: Eine mit frischen Blumen und altem Hausrat dekorierte Ecke auf dem Gelände der Kreativbude Wahlsdorf. Links daneben: Florale Muster fügen sich mit ihren natürlichen Materialien, Formen und Farben harmonisch in die Umgebung ein, die früher einmal zu einer Gärtnerei gehörte.

Kreativbude Wahlsdorf

Die Kreativbude Wahlsdorf ist zwanzig geworden. Mit einem großen Spinn- und Filzfest, zu dem Kunsthandwerker und Gäste geladen waren, haben die Inhaberinnen dies gefeiert.

Die Kreativbude ist vor zwanzig Jahren auf dem Gelände einer ehemaligen Gärtnerei entstanden. Den ersten Kreativraum hatten die Betreiberinnen in der Tischlerei eingerichtet. Daher auch der Name „Kreativbude", so Ingeborg Walter. Arbeiten, die hier entstehen, sind kunstvoll und haben meist mit der Kunst des textilen Gestaltens zu tun, die Patchwork und Quilten genannt wird. Die Technik ist schon alt und stammt aus Amerika, wo sie aus Sparsamkeitsgründen eingeführt worden war. Frauen, die sich zu geselligen Abenden trafen, entdeckten, dass man auch aus kleinen und kleinsten Flicken noch Decken und Kissen herstellen kann. Aus Not wurde Tugend und später sogar ein Trend.
Für neue Trends sind auch die Inhaberinnen der Kreativbude Ingeborg Walter und Tochter Michaela Grüneberg zu haben. Sie besuchen selbst Kurse und holen sich auch jene Frauen ins Haus, die sich mit der Kunst des Patchworks international einen Namen gemacht haben. Wer diese gern selbst erlernen möchte, kann das in Kursen und Workshops tun, die in Wahlsdorf veranstaltet werden. Wer mag, kann vor Ort auch übernachten.

Bezugsquellen

Künstlerhäuser

16-21
Karla Schoppe und Ralf Busz
Bachgasse 22
09350 Lichtenstein
Tel./Fax.: 037204/5298
E-Mail: karla.schoppe@gmx.de

22-25
Familie Siebenborn
Hinter Grund 1
09496 Pobershau
Tel.: 03735/776963

26-33
Alte Schmiede
Kleinolbersdorf
Glas=Kunst
Heidrun Weismann-Kahl
Ferdinandstr. 92
09128 Chemnitz
Tel.: 0371/772085
Funk: 0170/2313278
E-Mail: H_W_K@t-online.de

34-37
Familie
Gemarius de Kepper
Friedrich-Schlöffel-Str. 18
09114 Chemnitz
Tel.: 0371/372404

38-45
Anna Maria Naumann
Waldenburger Str. 127
09337 Callenberg/
OT Langenchursdorf
Tel.: 037608/27334
anna.maria.naumann@web.de

46-49
Familie Kühn-Leihbecher
Kloster Mildenfurth 3
07570 Wünschendorf
Tel.: 036603/88276

50-53
Atelier S. Sonja Näder
Dipl. Designerin
Steiler Weg 7
09127 Chemnitz
Tel.: 0371/742284
E-Mail: naeder.atelier.s@t-online.de

54-57
Marga Drechsel
Anton-Saefkow-Weg 20
08058 Zwickau
Tel.: 0375/525357

58-61
Bildhauer Fritz Böhme
Oberer Weg 14
09434 Hohndorf/Zschopau
Tel.: 03725/371158
www.bildhauer-boehme.de

62-65
Künstlerhof Lieffertz
Untere Dorfstraße 4
09306 Seelitz/Beedeln
Tel.: 03737/48685
E-Mail: hella@lieffertz.de
www.lieffertz.de

66-69
Kunsthof Sobrigau
Monika Wessel
Am Rundling 10
01731 Kreischa
Tel.: 035206/49003
www.kunsthof-sobrigau.de

70-75
Kunsthof Bahnitz
Melodie Jo Ebner-Joerges
Dorfstraße 33
D-14715 Milower Land/OT Bahnitz,
Tel.: 033877/90714
E-Mail: info@kunsthof-bahnitz.de
www.kunsthof-bahnitz.de

76-79
Kunsthof Zöllnitz
Frank Heine
Zöllnitzer Str. 1
09306 Seelitz
Tel.: 03737/48979, 0176/22510509.
fwheine@googlemail.com

Villen/Stadthäuser

82-85
Gartenwelt Chemnitz
Gerd Seiffert
Nordstraße 1
09247 Chemnitz
Tel.: 03722/500227
www.gartenwelt-chemnitz.de

86-89
Ökopension
Villa Weissig
Karin Seifert
Weissig 26
01796 Weissig/Rathen
Tel.: 035021/59363
www.villa-weissig.de
E-Mail: info@villa-weissig.de

90-93
Schmeling Fachwerk GmbH
Sigurd Brüning
Wolfener Str. 32
12681 Berlin
Tel.: 030/92 45 366
www.schmeling-fachwerk.de

94-97
Ingenieurbüro
Die Bauprofis
Dipl. Ing. Maik Schneeweiss
Alte Böttcherei 2
04824 Beucha
Tel.: 034292/75759
www.die-bauprofis.de

102-105
Familie Hagen Kunze
04720 Döbeln
Klosterstraße 7
Tel.: 03431/706356

106-107
Andrea Kunz
Massage- und
Entspannungstherapeutin,
zertifizierte Ernährungsberaterin
Görnitzweg 1b
04703 Leisnig/Fischendorf
Tel.: 034321/68539

Schlösser

110-115
Goldhahn Consult GmbH
Poetenweg 26, 04155 Leipzig
Telefon: 0341/5647718
Schloss Püchau
Schlossstraße 20, 04828 Machern
Tel.: 03425/816948
www.schloss-puechau.de

116-119
Schloss Triestewitz
Familie Pawlik
Schlossstr. 37
04886 Arzberg/OT Triestewitz
Tel.: 034222/40254
www.schloss-triestewitz.de

Bauernhöfe/Gasthöfe

122-125
Familie Wöhrle
woehrle@hs-mittweida.de

126-131
Familie Pilz
Pilzfamily@t-online.de

132-135
Architekten Schmole und Partner
Ferdinand-Lassalle-Straße 9
04109 Leipzig
Tel.: 0341/30 85671
www.schmole-partner-architekten.de

136-139
Hotel Saigerhütte,
Brit & Markus Gorny
In der Hütte 9, 09526 Olbernhau
www.saigerhuette.de

140-145
Wellnessranch Niederfrohna
Jaqueline Husfeldt
Obere Hauptstraße 89
09243 Niederfrohna
Tel.: 03722/4082730
www.wellness-ranch-niederfrohna.de

146-149
Braun- und Ölmühle Dörnthal
09526 Pfaffroda-Dörnthal
Tel.: 037360/62 50 (Braunmühle)
Tel.: 037360/6192 (Ölmühle)
www.braun-muehle-doernthal.de
www.oelmuehle-doernthal.de

150-153
Bauernhof zum Silberbergwerk
Herrnsdorferstraße 32
09212 Limbach-Oberfrohna/
OT Wolkenburg
Tel.: 037609/5204

154-155
Gaststätte„Zur alten Schule"
Familie Wetzel
An der Schule 1, 09337 Callenberg
Tel.: 037608/28905
über www.callenberg.de

156-157
Familie Bartschat, Pflockenstrasse 59
09376 Oelsnitz /Erzgeb.
Funk: 0173/8854778

158-159
Schwalbenhof Thomas Müller
Obere Hauptstraße 15a
09337 Bernsdorf/OT Hermsdorf
Tel.: 03723/62 97 43,
Funk: 0175/8577138
www.schwalbenhof-hermsdorf.de

160-165
Mühle Langenchursdorf, Familie Doege
Waldenburger Straße 46
09337 Callenberg /OT Langenchursdorf
Tel: 037608/15562
www.muehle-langenchursdorf.de

166-169
Keramikscheune Spickendorf
Piltitzer Straße 1, 06188 Landsberg
Tel.: 034602/21598
www.keramikscheune-spickendorf.de

170-175
Fachwerkhof Archehof
Klosterbuch 25, 04703 Leisnig
Tel.: 034321 /68137
www.klosterbuch.com

176-177
Newland-Immobilien-Delitzsch
Ingrid Rothe, Vierzehner Reihe 30 A
04509 Delitzsch
Tel.: 034202/300668
www.newland-immobilien.com

Interieur

180-183
Heinrich-Wohnraumveredelung
Philipp Heinrich Lakomczyk
Ilsenburger Str. 20
39118 Magdeburg
Tel.: 0391/4025 026
Funk: 0177/3054 233
www.heinrich-wohnraumverede-
lung.de

184-187
Stoffekontor Leipzig
Anja Küthe
Druckereistraße 4
04159 Leipzig
Tel.: 0341/4 684965
www.stoffekontor.de

188-189
abitare-wohnambiente GbR
Pröckl/Wiener
Rathausstr. 7
04416 Markkleeberg
Tel.: 0341/3194521
www.abitare-wohnambiente.de
&
Malerfachbetrieb Wiener
Rathausstr. 7
04416 Markkleeberg
Tel.: 0162/6522580
malerbetrieb-wiener@web.de

190-191
Lebensart Petra Hildebrand
Arvid-Harnack-Str. 24
07743 Jena
Tel.: 0175/2476895
E-Mail: phil@atelier-phil.de

192-193
Die Rumpelkammer
Ines Sturm
Leipziger Str. 17b
01097 Dresden
Funk: 0173/3744263

194-195
Kreativbude Wahlsdorf
Schulstraße 3
14913 Dahme/Mark
Tel.: 033745/50296
www.kreativ-und-
patchworkbude.de

Bildnachweis

Fotos Seiten 27, 29: Heidrun Weismann-Kahl; Fotos Seiten 40 Mitte sowie 41-45: Familie Naumann; Fotos Seiten 52, 53: Familie Näder Chemnitz; Fotos Seiten 66 unten und 67 oben: Monika Wessel; Fotos Seiten 70 und 71 unten: Kurt & Beate Beyer (beyer–blende-0.de); Foto Seite 88 oben rechts: Familie Seifert; Foto Seite 116 Familie Pawlik Schloss Triestewitz; Fotos Seiten 123 und 125 oben: Familie Wöhrle; Fotos 148 und 149 oben: Christl Braun; Foto Seite 159 oben: Familie Müller; Foto Seite 168: Familie Häder; Fotos Seiten 180-183: Rayk Weber (www.raykweber.com) und Johanna Krüger (JohannaKrueger@gmx.net); Fotos Seite 190-191: Familie Hildebrand.

Sujetfotos
Coverfoto vorn: Hof der Familie Wöhrle in Reinsdorf, Coverfoto hinten: Hof Lieffertz in Beedeln, Titelfoto: Villa der Familie Goldhahn in Leipzig-Gohlis, Foto Seite 4: Kunsthof Zöllnitz der Familie Heine, Foto Seiten 14, 15: Hof Lieffertz in Beedeln, Foto Seiten 80, 81: Haus der Familie Rosendahl in Wilhelmshorst, Foto Seiten 108, 109: Schloss Triestewitz der Familie Pawlik, Fotos Seiten 120-121: Hof der Familie Naumann in Langenchursdorf, Foto Seiten 178-179: Stoffekontor Anja Küthe in Leipzig.

Dank

Unser herzlicher Dank gilt allen beteiligten Protagonisten dieses Buches, die mit viel Vertrauen in unseren Verlag sowie großem Engagement und persönlichem Interesse dazu beigetragen haben, dieses Projekt zu ermöglichen.

Ein Dankeschön geht auch an alle Fotografen, welche für die Seiten eigene Bilder zur Verfügung gestellt haben.

Ein herzliches Dankeschön gilt nicht zuletzt der Lektorin Winnie Seifert in Chemnitz für deren professionelle, aufgeschlossene und flexible Zusammenarbeit.

Hinweis

Alle Informationen und Hinweise in diesem Buch wurden von der Autorin nach bestem Wissen erarbeitet und zusammen mit den Teilnehmern des Buches und der Lektorin mit größtmöglicher Sorgfalt überprüft. Für trotzdem entstandene fehlerhafte Angaben oder Auslassungen kann der Verlag keinerlei Verpflichtung bzw. Haftung übernehmen. Konstruktive Hinweise sind trotzdem immer willkommen und werden in der nächsten Auflage gern berücksichtigt.

Projektförderer

Verlagsprodukte

„Hausgeschichten, Lebens(t)räume, Lebensart in Sachsen, Thüringen und Brandenburg" von Elke Börner und Kathrin Schädlich

205 Seiten, Hardcover, reich bebildert, Ein „Sachsen-Buch" für Neugierige, Genießer und Kreative, die gern extravagant, stilvoll oder romantisch wohnen und leben möchten und dafür Inspirationen suchen. Vorgestellt werden Häuser und Gärten, traditionelles Handwerk sowie Altes und Antikes. Dazu gibt es eine Fülle von Anregungen zum Einrichten, Gestalten und Dekorieren.

ISBN: 978-3-00-025727-8

„Häuser in den Jahreszeiten" von Elke Börner und Kathrin Schädlich

209 Seiten, Hardcover, reich bebildert, zeigt wie Band I Land und Leute mit einer verschwenderische Fülle an liebenswerten und interessanten Wohn- und Lebensideen für Individualisten mit den entsprechenden Bezugsadressen, die zum Hinfahren, Anschauen oder Nachmachen anregen sollen.

ISBN: 978-3-00-028443-4

„Die Steinsammlerin", Roman, Hardcover, 200 Seiten
„Alles schien seinen Gang zu gehen im Leben des jungen Felix Baumgart: ein Studium, die Freunde, schließlich ein Job in München. Doch eine überraschende Erbschaft führt den Westdeutschen in ein kleines Dorf mitten im tiefsten Osten, führt ihn in das Haus der verstorbenen, bisher unbekannten Großmutter. Dort macht ein merkwürdiger Traum aus dem kurzen Gastspiel, das eigentlich nur der Abwicklung des Hauses dienen soll, eine alles verändernde, lange Reise und lässt den faszinierten Felix die Spur zu den eigenen Wurzeln aufnehmen.
Gleichermaßen packend wie auch einfühlsam schildert die Autorin Felix` Reise durch die Untiefen des dörflichen Milieus. Nuanciert stellt sie den Wert zwischenmenschlicher Beziehungen der wachsenden Entfremdung gegenüber."

ISBN: 978-3-00-030927-4